Allitera Verlag

UTE SEEBAUER

NYMPHENBURG-GERN

DIE KÜNSTLER- UND VILLENKOLONIE

Erlebte Stadtgeschichte

Allitera Verlag

Weitere Informationen über den Verlag und sein Programm unter:
www.allitera.de

4. Auflage Oktober 2019
Allitera Verlag
Ein Verlag der Buch&media GmbH, München

Umschlag: Franziska Gumpp
Gesetzt aus der Adobe Garamond Pro
Umschlaggestaltung unter Verwendung einer Skizze (Ausschnitt) von
Thomas Th. Heine
ISBN 978-3-96233-162-7 · Printed in Europe

Allitera Verlag
Merianstraße 24 · 80637 München

INHALT

1.
IM WILDEN WESTEN MÜNCHENS. DER SCHULWEG

Wenn man auf einer Parkbank der Nördlichen Auffahrtsallee Platz nimmt, möglichst direkt an der »Gerner Brücke« über den Schloßkanal, dann sitzt man so ziemlich am Schnittpunkt der Grenzen der alten Gemeinden Gern, Nymphenburg und Neuhausen. Sie bilden heute gemeinsam den 9. Stadtbezirk Münchens, den zweitgrößten der Stadt mit rund 90 000 Einwohnern.

Der inzwischen reichlich gewordene Verkehrslärm stört leider, aber die Übersicht läßt stadtgeschichtlich vorzüglich tief blicken. Rechts die barocke Kanal- und Schloßanlage von Nymphenburg sowie die Allee entlang prächtige historische Villen. Wenn man sich weiter umwendet, schaut man in die hier beginnende Gerner Straße mit schönen Einfamilien-, aber auch Reihenhäusern aus der Jahrhundertwende. Und geradeaus fallen jenseits der Brücke vor allem die gründerzeitlichen Mietshausblöcke ins Auge, die für Neuhausen typisch sind.

Von dieser Parkbank aus übersieht man den Großteil meines Schulwegs, den ich 13 Jahre lang ging: aus der Gerner Straße kommend, die scheinbar endlose Allee entlang und zur Abwechslung die roten, schwarzgepunkteten Baumwanzen auf den knotigen, phantasievollen Auswüchsen der Lindenstämme zählend, bis ich oben am Kanalende nach rechts ins Schloßrondell zur Maria-Ward-Straße abbog.

Im Winter machten die eisstockschießenden Rentner den langen Heimweg unterhaltsamer, wenigstens ihre ungewohnte »Fachsprache«: »Der is dahungad / … dasuffa! Do maß di o! (Freudengebrüll) Der hoood!« Das heißt: Der Eisstock hat die hölzerne »Daube«, das Ziel, getroffen. Nachmittags als besonderes Highlight Eislauf am Kanalkessel vor dem Waisenhaus, in den Ferien auch Rodeln am »Aha-Bergl« im Schloßpark.

Im Sommer dann weite Sonntagspaziergänge im Botanischen

Garten oder im Nymphenburger Park, dort so taufrüh, daß man eher Rehe zu sehen bekam oder eine Eule als Mitmenschen. Die versteinerte Götterwelt der Statuen im Schloßparterre als Familienbildungs-Quiz.

Kanalauf, kanalab. Die Kanalstrecke prägte mein subjektives Zeit- und Längenmaß, es gilt noch heute.

Die Erzählungen über den Kanal aus vergangener Zeit bewegten die Phantasie: daß man ihn zum Beispiel mit echt venezianischen Prunkgondeln, von Gondolieri gesteuert, gemächlich zum Zeitvertreib befahren hat – wo doch schon das Schulrad streng geschonter Luxus war und es einem dagegen den Kanal entlang notorisch pressierte. Oder daß vom nahen Exerzierplatz Marsfeld (Olympiapark) aus einmal eine Militärübung stattgefunden hatte, in der eine Reiterstaffel den Schloßkanal durchqueren sollte und dabei einige gestandene Kavalleristen ertrunken sind – wo uns das Schwimmen doch »kinderleicht« erschien, das Reiten schwer. Anschauliche erste Erfahrungen von geschichtlich ganz unterschiedlichen Perspektiven gerade vom scheinbar gleichen räumlichen »Standpunkt« aus gewonnen.

Lange nichts los in der Prärie

Wenn man die Uhr noch viel weiter in die Vergangenheit zurückgedreht hätte, auf die letzte Nacheiszeit, wären auf meinem Schulweg mit Glück bestenfalls ein paar hierher geschwemmte Mammutzähne inmitten karger Heidelandschaft mit Wiesen, Büschen und Waldstücken zu finden gewesen[1].

Das ganze Gebiet liegt auf einer Schotter- und Sandterrasse zwischen der Niederterrassenkante, die auf der Höhe des Stiglmaierplatzes parallel zur Isar verläuft und den frühmittelalterlichen Siedlungen Pasing, Menzing und Moosach. Da es karg und wasserlos war, ist es erst seit dem 11. Jahrhundert als besiedelt bezeugt. Deshalb gibt es hier keine »-ing Orte«, im Gegensatz zu den gerade genannten benachbarten Gründungen aus dem 8. / 9. Jahrhundert.

Das früheste Besiedlungszeugnis für Gern (»Gêrin«) ist eine Besitzurkunde des Freisinger Bischofs von 1025. »Niwenhusen« und »Chemenatin«, das spätere Nymphenburg, werden rund 140 Jahre später als Besitz des Klosters Schäftlarn erwähnt. Bei steigender Bevölkerungs- und Produktionsentwicklung wird jetzt auch dieses bisher ungünstige Gebiet bäuerlich kultiviert. Auch lag es seit der Stadtgründung Münchens durch Heinrich den Löwen 1158 verkehrsgünstig an der kürzesten »Zubringerstraße« von der neuen Isarbrücke zum Übergang der Würm bei Menzing, bzw. der Amper bei Dachau und zum Salz- und Fernhandelsknotenpunkt Augsburg. Nach Aufzeichnungen des Landgerichts Dachau, dem die Dörfer bis 1818 zugehörten, hatte im 15. Jahrhundert Gern 4 Anwesen, Kemnaten 6, und Neuhausen 25.

Die entscheidende Weichenstellung aber brachte das 17. Jahrhundert: Schloß Nymphenburg wird als die neue Jagd- und Sommerresidenz ein vielbesuchter Mittelpunkt des bayerischen kurfürstlichen, später königlichen Hofes. Die idealen »Jagdgründe« für Hirschfaiste, Sauhatz, Enten-, Hühner- und Hasenjagd reichten ja vom Neuhauser / Gerner Wald- und Buschgebiet bis zur Würm mit dem spätgotischen Jagdschlößchen Blutenburg, das aus dem 15. Jahrhundert stammt. Von dort weiter über die Fasanerie bis zu den weiteren Jagd- und Sommerlustschlössern Dachau und Schleißheim, die in ihren Ursprüngen auch bereits aus herzoglicher Zeit (1550 bzw. 1597) datieren. »Go west« zum großen Halali und zu anderen höfischen Outdoorvergnügen: Der »Wilde Westen« Münchens inklusive Nordwesten fungierte als Eldorado des »edlen Waidwerks «, einem Hauptinhalt des feudalen Hoflebens. Umso mehr im Hochabsolutismus, in dem nun der Herrschaftsgedanke und damit Hofhaltung und Hofzeremoniell ins »Absolute« gesteigert wird.

Der bayerische Kurfürst Ferdinand Maria kauft die alte Hofmark Kemnaten und läßt anläßlich der Geburt seinen Sohnes Max Emanuel, die durch Erbfolge beste Aussichten auf den spanischen Königsthron zu eröffnen schien, ab 1664 für seine Frau Adelaide das »Borgo delle Ninfe« errichten.

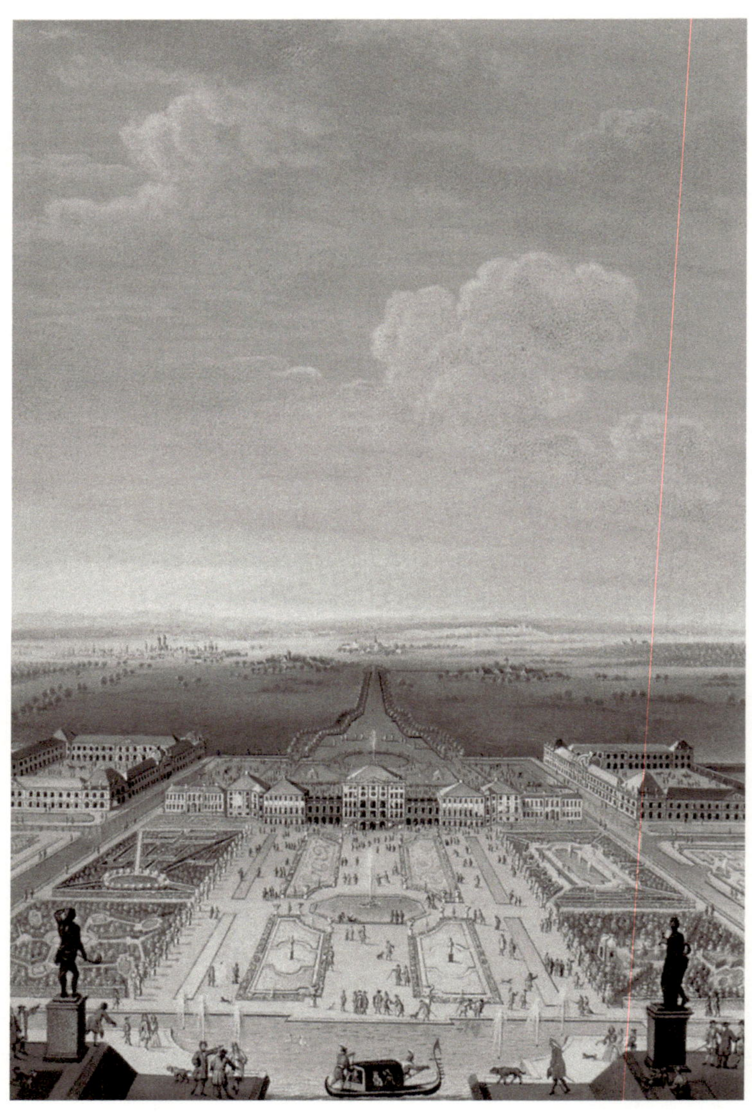

Das dörfliche Gern: Blick über Parkparterre, Schloß Nymphenburg und Kanal. Am Kanalende unmittelbar links Gern, rechts Neuhausen. In der Blickachse vom Hochparterre des mittleren Schloßtrakts geradeaus ist die Kirche von St. Sylvester im Dorf Schwabing zu sehen. Maximilian de Geer, um 1730.

2.
AM NYMPHENBURGER »KANAL DER BLAUEN GLOCKEN«

Das Nymphenburger Schloß, die neue Nutzung, ergeben ein anders orientiertes Koordinatensystem. Dorf und Name Kemnaten verschwinden, Fluren und alte Verbindungswege werden zerschnitten[2].

Der »Borgo delle Ninfe« in italienischem Renaissancestil, das zunächst nur aus dem heute mittlersten Bauwürfel besteht, wird auf weite symmetrische Blickachsen zu besonderen Blickpunkten ausgerichtet, wie es in der Barockzeit üblich ist. In Nymphenburg wählt man die Türme der mittelalterlichen Dorfkirchen St. Wolfgang in Pipping im Westen nahe Blutenburg und im Osten St. Sylvester in Schwabing als »points de vue«, die vom Festsaal im ersten Stock des Schlosses damals gut sichtbar waren. Das heißt, die Sichtachse nach Pipping wurde durch den wildreichen Eichenwald frei geschlagen. Der alte Schwaighof am Platz der heutigen »Schloß-Schwaige« und die hölzerne Magdalenen-Wallfahrtskapelle wurde zunächst einbezogen. Der Sohn Max Emanuel, großer Feldherr und als Schwiegersohn des Kaisers selbst Anwärter auf den Kaiserthron, hat Großmachtträume und holt entsprechend aus.

Den »Blauen Kurfürsten«, nannten die Türken bei der Belagerung Wiens respektvoll ihren erfolgreichen Gegner wegen seiner Uniformfarbe. Der »Türkensieger«, der so entscheidenden Anteil an der Abwendung dieser Bedrohung ganz Europas hatte, baut ab 1701 nicht nur Nymphenburg, sondern gleichzeitig auch das alte Eremiten- und Jagdschloß in Schleißheim nach Versailler Vorbild in wahrhaft imperialen Dimensionen als Sommerresidenzen aus. Und das, obwohl er bei wechselndem Kriegsglück im Kampf um das Erbe des spanischen Königthrons lange ins Brüsseler und Pariser Exil vertrieben wurde und Bayern, das er ohnehin nicht liebte, zeitweise durch die Österreicher besetzt und verwüstet worden war.

Für diese Projekte ließ Max Emanuel seinen Baumeister Enrico

Zuccali ein Kanalnetz anlegen, das Amper, Würm und Isar verband[3]. So großzügig und eilig, daß zum Bau auch reichlich Militärs und türkische Kriegsgefangene »dienstverpflichtet« wurden. Da vor allem um Schleißheim entsprechende Straßen fehlten (und der Kanal, der bereits seit 1601 die Würm anzapfte, nur der Bewässerung der alten Schloßschwaige diente), wurden bis zu 5 Meter breite Gräben ausgehoben. Zunächst, um die gewaltigen Massen an Baumaterial auf Lastkähnen heranzutreideln, also vom Ufer aus zu ziehen: vom Amper-Hafen Dachau her Ziegel und Lehm, vom Garchinger Isar-Hafen aus Marmor und Sandstein zum Beispiel von Mittenwald und Bauholz aus dem Oberland.

Zugleich wurde für den Ausbau von Schloß Nymphenburg 1701 die Würm in Pasing abgeleitet, über Pipping durch den Park zum Schloß geführt. Von dort ab schnitt der »Nymphenburger Kanal« weitere eineinhalb Kilometer querfeldein durch Gerner Bauernland – der Dorfkern lag am nördlichen Ende der Gerner Straße – bis zum unteren Bassin oder »Kessel«. Ausgeleitet wurde das Würmwasser aber oben im Rondell über den »Nymphenburg-Biedersteiner Kanal«, hinter Gern vorbei, in den Schwabinger Bach und die Isar.

Übrigens hat der »Blaue Kurfürst« den Nymphenburger Kanal nie »Kanal der blauen Glocken« genannt, dieser höchst inoffizielle Titel hat ganz andere Bewandtnis, die in Kürze geklärt wird.

Vorrangig sollte das riesige Wasserwegesystem, das damals zuletzt über 50 Kilometer Länge hatte, das höfische Vergnügen steigern. Es sollte eine Wassererlebniswelt auf Prunkgondeln in und außerhalb der Parks und neuen Zeit vertreib bieten, sollte für Lust- wie für Lastverkehrsmittel dienen. Sogar die venezianisch angehauchte Idee, auch noch die Residenz in München durch einen Kanal (entlang der heutigen Kurfürsten- und Belgradstraße) sowohl über den Biedersteiner Kanal mit Schloß Nymphenburg einerseits wie über den Schleißheimer Kanal mit den Jagd- und Sommerresidenzen Dachau und Schleißheim mitzuvernetzen, begann man umzusetzen. Mangels der heutigen vielfältigen Unterhaltungs- und Verfremdungsgelegenheiten sollte sich der Hof wenn schon nicht durch Fernsehkanäle, dann wenigstens durch Wasserkanäle bequem durch immer andere Schlösser, Parks und Jagdgefilde »zappen« können.

Die Pläne erwiesen sich aber wohl doch als zu großartig. Man mußte im wesentlichen und wortwörtlich »bayerisch-bodenständig« bleiben. Die Würm ersetzte keine Mittelmeer-Lagune. Immerhin wird dieses in Deutschland einmalige technische Denkmal in seinen Resten heute in einer Reihe mit dem Brentakanal in Venetien gesehen, mit dem Canal du Midi in Südfrankreich oder dem Grachtensystem in Belgien und den Niederlanden, wo Max Emanuel ja Statthalter war.

Für Kutschen und Reiter, also den Verkehr »zu Lande« zwischen der Residenz in München und dem Sommerzweitwohnsitz in Nymphenburg, wenn der Hof sozusagen zwischen Pflicht und Kür wechselte, wird die Strecke der heutigen Brienner und Nymphenburger Straße reserviert. Sie läuft in Luftlinie schnurgerade auf den Mittelteil des Schlosses zu, knickt erst zur Umgehung des Neuhauser Dorfkerns die Achse und mündet in die Südliche Auffahrtsallee.

Um den hohen Pendlern Stau und Störung zu ersparen, durchtrennt man die alte Fernhandelsstraße München–Augsburg, die über Neuhausen und Gern weiter nach Menzing geführt hatte und leitet den profanen, schwerfälligen Warenverkehr über die heutige Dachauer Straße um. Praktischerweise kann der alte Edelsitz Neuhausen 1715 als »Jagdschlößl« – es ist nicht erhalten – angekauft und damit im Dorf am Wege gleich Jagdpersonal und (bis zu 200) Hunde stationiert werden.

Im übrigen war die Nymphenburger Straße und ihre recht geradlinige Fortsetzung bis zum Herrscherhof schon ein althergebrachter »Fürstenweg«, auf dem man zu besonderen Anlässen Prunkeinzüge in die Stadt München gestaltete. 1568 hatte zum Beispiel Herzog Wilhelm V. seine lothringische Braut in Neuhausen abgeholt, wo ihr festliches Zeltlager aufgeschlagen war, und sie im Zug von fast 6 000 Reitern in die Residenz geleitet[4].

Aus Repräsentationsgründen wird die Verbindungsstrecke nun alleengesäumt: am Kanal um 1730 mit den besagten Linden, ab 1758 die Nymphenburger Straße mit Pappeln – die allerdings bei der Straßenverbreiterung 1935 gefällt wurden. Der letzte Schrei wären eigentlich Kastanienbäume gewesen, die nach der Kaltzeit des Mittelalters gerade nach Europa reimportiert wurden und zur Barockzeit als Rarität besonders »in« waren. Ludwig XIV. liebte diesen majestätischen Baum vor allen und Max Emanuel eiferte ihm auch dadurch nach, daß er »indianische Kastanien« wenigstens an prominente Plätze innerhalb des Parks setzen ließ. In der großen Menge freilich griff man auf die gute alte einheimische Linde zurück.

Die pompöse Anlage nach französischem Vorbild imponierte sogar Kaiser Napoleon und entsprach ihm als glänzender Rahmen seiner kaiserlichen Selbstdarstellung. Der Eroberer residierte u. a. 1809 einige Tage in Schloß Nymphenburg und fuhr jeden Abend in vierspänniger Kutsche von dort den »Fürstenweg« ins Cuvilliéstheater. Seine Garde stand den ganzen Weg entlang Spalier.

Meine bürgerliche Erinnerung prägten die Linden der beiden Auffahrtsalleen außer durch schlichte Schulwegerlebnisse noch durch den Zusammenhang mit wilden Gewittern, wenn der Blitz nicht selten in einen der jahrhundertealten Stämme am nahen Kanal und uns der Schreck bis ins Mark fuhr.

Aber auch in die Literatur sind diese Linden mehrfach eingegangen. Zum Beispiel in Manfred Bielers Roman »Der Kanal«, wo sich ein ganzer Liebes- und Ehekrimi um einen kostbaren Tafelaufsatz der Nymphenburger Porzellanmanufaktur, die den gesamten Schloßkanal nachbildet, entwickelt und eine zerbrechende Lindenbaumfigur den Knoten schürzt.

Um eine reale Linde, die gleich jenseits der Brücke, an der Südlichen Auffahrtsallee unserer Parkbank etwa gegenüber steht, »rankt« sich außerdem noch eine ganz besonders bekannte Romanepisode.

Ihre spezielle kulturhistorische Perspektive dieser Örtlichkeit wird die letzte sein und das Kapitel schließen.

Also: »Die Brücke, auf der ich erwachte oder ankam, ist ganz anders als die Brücke, auf der ich Dich verließ. Sie spannt sich zwar immer noch über den »Kanal der blauen Glocken«, ist aber nicht mehr aus Holz sondern aus Stein, allerdings aus sehr grob gehauenem und offensichtlich ziemlich lieblos zusammengefügt. Alles »hier« ist lieblos gemacht ... Die erwähnte Straße, die ich überqueren wollte, ist eine Allee. Links und rechts des Pflasters zieht sich ein kümmerlicher, lieblos gehaltener Rasenstreifen hin. Die Steine sind ebenfalls sehr nachlässig in die Straße eingelassen, die dadurch ziemlich holprig ist. Wäre der erhabene Sohn des Himmels nur ein einziges Mal über diese Straße gefahren, er hätte den Obersten Straßenbau-Mandarin unverzüglich köpfen lassen. In den Rasenstreifen wachsen unschöne, ungepflegte Bäume. Nichtsahnend schickte ich mich an diese Allee zu überqueren, als sich ein unvorstellbares Heulen, Knirschen und Rattern näherte, für das in unserer Welt jeder Vergleich fehlt.«

Ein Auto weicht gerade noch aus, er wird ohnmächtig. »Als ich wieder erwachte, hatte sich eine noch größere Menge von Großnasen, von denen wieder einer aussah wie der andere, versammelt. Mich hatte man zwar auf eine Holzbank gelegt, die zwischen den Bäumen stand, kümmerte sich aber fast nicht um mich. Alles stand um den Baum herum, auf den der schnelle Dämon »Zehn Wildschweine« hinaufgeklettert war. Nein: Er war nicht hinaufgeklettert, sah ich, als ich mich ein wenig erhob, er hatte sich am Stamm festgebissen. Heute weiß ich: Es war gar kein Dämon und auch kein drachengroßes Wildschwein. Es war ein Wagen aus Eisen. Herrn Shi-shmis Haus ist in der Nähe jener Brücke, und ich bin seitdem mehrmals an der Stelle vorbeigekommen. Der Baum, fürchte ich, wird eingehen.«[5]

Soweit der ironische Blick des Mandarins Kao-tai aus der chinesischen Vergangenheit des 10. Jahrhunderts in die Gegenwart. Herbert Rosendorfer läßt seinen Romanhelden diesen Blick vom »Kontaktpunkt« seiner Zeitmaschine auf der Gerner Kanalbrücke aus – dem

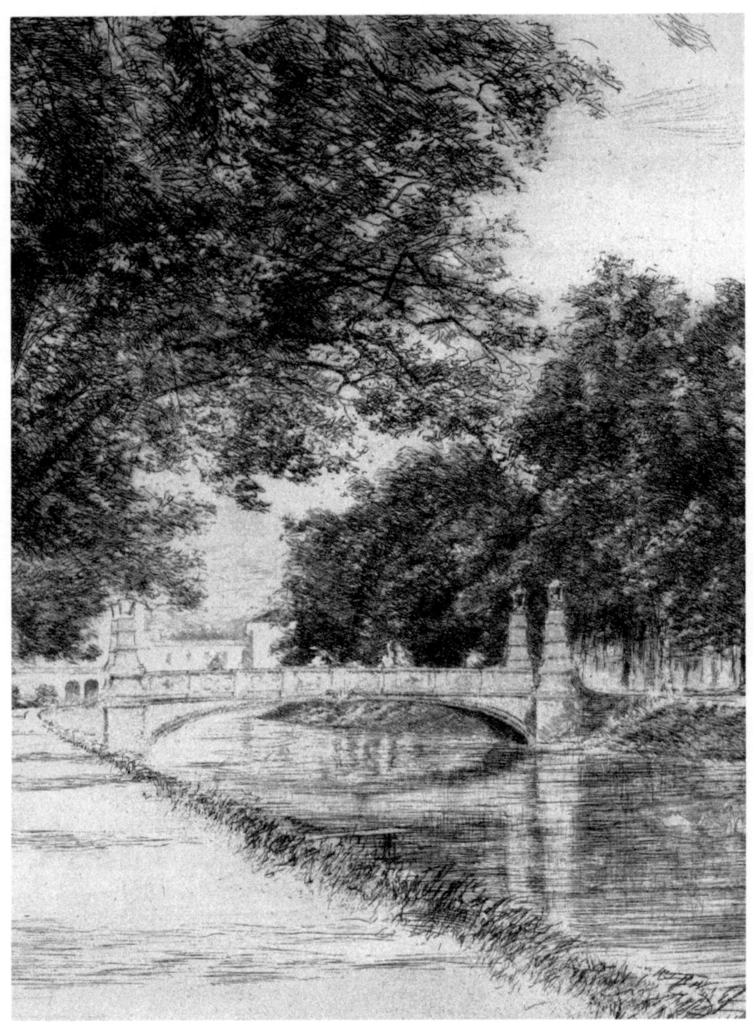

Südliche Schloßauffahrt mit Lindenallee, Blick von der unteren Gerner Brücke aus. Radierung des Gerner Künstlers Peter von Halm (1854–1925) und in etwa der »Tatort« in dem Roman von Herbert Rosendorfer.

Schnittpunkt der alten Dorfgrenzen – auf die angeblich »fortgeschrittene« Neue Welt richten.

Daß der experimentierende Mandarin bei seiner Zeitreise nicht wie erwartet in China am heimatlichen – sicher kaiserlichen – »Kanal der blauen Glocken« ankommt, sondern irrtümlich in Bayern am Nymphenburger Schloßkanal »fehllandet«, das ermöglicht so recht die zeitkritisch-süffisante Perspektive. Und schließlich hat der Autor damals, als er das Buch schrieb, selbst gerade dort gewohnt.

Übrigens, bevor man diesen ersten »point de vue« von der Parkbank aus aufgibt und sich nach Gern wendet: Die steinernen Kanalbrücken stammen weder aus dem Mittelalter noch aus dem Barock, sondern aus der dritten Neuhauser-Nymphenburger-Gerner-»Epoche«, der Prinzregentenzeit. Die untere »Gerner Brücke« wurde 1897, die obere »Ludwig Ferdinand Brücke« 1892 gebaut, als eine neue städtebauliche Entwicklung der Viertel sie erforderlich machten. Auch der Hubertusbrunnen wirkt nur von der Ferne, als ob er in der Erbauerphase des Nymphenburger Schlosses als krönender Abschluß des Kanals gleich miterrichtet wurde. Auch er stammt aus der Prinzregentenzeit. Adolf von Hildebrand hat ihn 1907 als Hintergrund für ein Reiterdenkmal Prinzregent Luitpolds vor dem Nationalmuseum geschaffen. 1954 ist er hierher versetzt und in einer Feier mit dem Enkel Kronprinz Rupprecht eingeweiht worden. Damit war ein besonders passender Platz für das Kunstwerk und sein Motiv gefunden: Der Hubertusbrunnen akzentuiert die Mitte des ehemaligen höfischen Jagdgebiets von Gern und Neuhausen, über das hinweg man früher vom Schloß aus einen so beeindruckenden Weitblick bis Schwabing hatte, daß man diese Aussicht damals wohl mit Grund sogar einem Bauwerk vorgezogen hat.

Der Platzhirsch im Innern ist auch rein jagdlich gesehen ein begehrenswertes Prachtexemplar und auf dem Tempeldach des Brunnens kniet St. Hubertus, der Schutzheilige der Jagd und Patron des Wittelsbacher Hausordens.

3.
WELTLICHES JAGDREVIER UND GEISTLICHER GRUND

An dieser unteren Brücke zweigte mein Schulweg in die Gerner Straße ab. Auch hier Alleebäume in Grünstreifen wie entlang des Schloßkanals, aber alles kleiner dimensioniert, eine geräumige »bürgerliche« Straße. Bis man sie zu Ende geht, kann man zusammen mit den ersten Eindrücken die Geschichte Gerns nach rückwärts aufrollen.

Da füllen, wie zum Beispiel gleich auf dem ersten Grundstück linkerhand, Nachkriegsbauten die Bombenlücken aus dem Zweiten Weltkrieg. Typisch aber sind die anderen, alle aus der Jahrhundertwende stammenden Häuser mit kleinen Vorgärten, ähnlich und doch durch buntgemischte Stilzitate recht variationsreich. Teils stehen sie einzeln, teils gereiht.

Der untere Teil der Gerner Straße, im frühen Mittelalter schon Hauptverkehrsverbindung zur Stadtmitte, ist »Geschäftsstraße«, Ratsch- und Tratschmeile seit den städtischen Anfängen. Der höhere Bedarf ist heute eher mit dem Auto entlang der Waisenhausstraße, wo auch die U-Bahn hält, oder wie früher in Neuhausen zu decken.

Ganz am Ende, Gerner Straße 33, Ecke Klugstraße, steht das einzige Anwesen, dessen Tradition noch aus der höfischen Epoche stammt, die ehemalige königliche Hofjagdintendanz. Das Forsthaus für den königlichen Revierjäger, etwa 1806 errichtet, wurde 1884 renoviert und aufgestockt, denn noch Prinzregent Luitpold ging in den Gerner Fluren auf Fasanenjagd.

Schon seit herzoglicher Zeit im 16. Jahrhundert stellt für den Hof das Gerner Gebiet aufgrund seines Landschaftstyps einen guten Teil des besten natürlichen Jagdreviers bis zum Beginn des Dachauer Hügellands dar. Vor allem eignete es sich für die »Hühnerjagd«, d. h. im wesentlichen den Abschuß von Fasanen und Rebhühnern. »Fasanerien« wurden hier schon in Hofbaurechnungen von 1580 aufge-

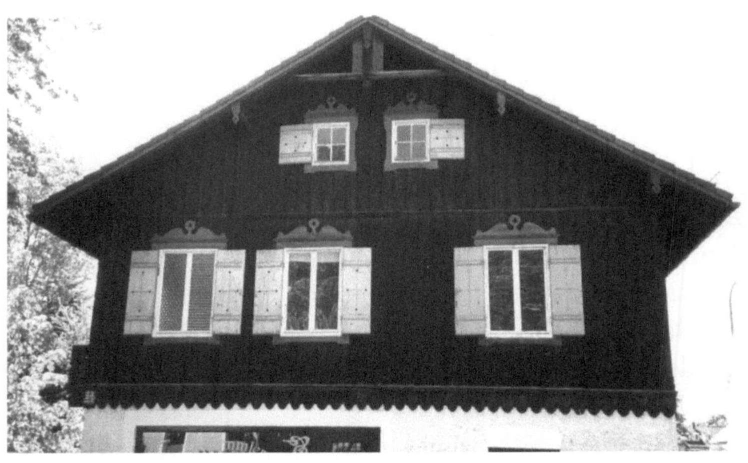

Das Haus des letzten königlichen Revierjägers von Gern, um 1806 erbaut, 1884 renoviert und aufgestockt, Gerner Straße 33.

führt. In »Nymphenburger-Zeit« spielte das Jagdleben entsprechend dem absolutistischen Selbstverständnis eine noch zentralere Rolle. Neben Theater und Konzert, Maskeraden, Turnieren, Wasserfahrten, Ball- und Kegelspielen boten Jagdveranstaltungen in vielen modischen Variationen besonders ideale Gelegenheiten zur standesgemäßen Prachtentfaltung des Herrschers inmitten seines Hofes und seiner zu beeindruckenden hohen Gäste. Und als sozusagen medizinisch notwendig rechtfertigte man den ungeheuren Luxus, für den alle Untertanen bis zur eigenen tiefsten Verelendung aufzukommen hatten, noch dazu: denn »je schwerer die Regiments-Last, die großen Herren bey Beherrschung ihrer Länder auf dem Halse lieget, je mehr Erquickung und Ergötzlichkeit haben sie vonnöten«[6].

Ein zeitgenössischer Nachfahre, Adalbert Prinz von Bayern, hat viele dieser prunkvollen höfischen Feste rund um das Nymphenburger Schloß vom Barock bis zu den schlicht gewordenen selbsterlebten im 20. Jahrhundert anschaulich geschildert[7].

Der nobelste Jägerhochstand Europas: Die Amalienburg

Die Jagdleidenschaft gipfelt besonders unter dem Enkel des Schloßgründers, Kurfürst Carl Albrecht, ab 1742 zum Kaiser Karl VII. erhoben, und seiner »dianahaften« Frau Maria Amalia aus dem hohen Hause Habsburg.

Die ererbte Kriegsschuldenlast ist hoch und durch die erneuten Besetzungen und Verwüstungen in Bayern, auch in München, durch die Österreicher verarmt das Land immer weiter. Trotzdem wird entsprechend dem Großmachtanspruch luxuriös gebaut. Den beiden Lustschlößchen innerhalb des Parks, dem asiatisch- holländischen Tee- und Café Pavillon »Pagodenburg« und der »Badenburg«, die zum »türkischen Bade« nach französischer Mode dient, sowie der »Magdalenenklause« als Eremitage zur Erlangung jenseitigen Seelenheils wird jetzt noch ein extra Jagdschlößchen nach Versailler Vorbildern hinzugefügt: die »Amalienburg«.

Und das Dach dieses Juwels des bayerischen Rokoko, vom älteren Cuvilliés 1734–36 erbaut, ist getoppt durch eine runde Plattform mit kunstvollster Balustrade – als »Jägerhochstand« für die Fasanenjagd. Er war sicher der nobelste Europas. Eine verborgene Wendeltreppe führte komfortabel zu ihm hinauf. Mehrere zusätzliche »Fasanengärten« plus einem Bruthaus für den nötigen Nachschub waren in unmittelbarer Umgebung eingerichtet.

Man war damit der geladenen blaublütigen Konkurrenz europaweit schon eine Nasenlänge voraus, die diesen Kunstgriff bewunderte, soviel prestigeträchtige Beute in vollster Bequemlichkeit erlegen zu können ohne einen Fuß vor die Türe des Spiegelfestsaals zu setzen[8]. Denn die Jagd auf Fasane und Hirsche zählte laut Ehrenkodex zur »Hohen Jagd« und für beide Wildarten – durch Zucht noch gefördert – war gerade das Nymphenburger Gebiet berühmt. Selbst Napoleon hat zwischen seinen Feldzügen zur Eroberung Europas im Oktober 1805 nicht auf das Vergnügen einer entspannenden Fasanenjagd im Nymphenburger Park verzichtet.

Aber nicht nur innerhalb des Parks, den man 1733 mit einer hohen Mauer umgibt, damit das Wild nicht mehr hinauswechseln kann, wird die Jagd intensiviert, sondern ebenso im umliegenden Jagdrevier, also u. a. in ganz Gern. Zwischen Wiesen und Feldern eingestreut oder ausgespart liegen rechteckige Gehölze, meist mit Birken, Fichten und Sträuchern bepflanzt, um Fasanen, Rebhühnern und Kleinwild Deckung zu geben. Im 19. Jahrhundert wurden die Gehölzrefugien schließlich eingezäunt. Dieses Netz der zahlreichen sogenannten »Remisen« oder Schlupfgebüsche und der vielen »Kinigl«-(Kaninchen) oder vornehmer »Lapin«gärten wurde von ebendieser königlichen Hofjagdintendanz in der Gerner Straße verwaltet – Gegenstück zum Neuhauser Jagdschlößl, das weiteren Funktionen diente.

Noch Franz von Kobell schwärmt, daß die »Hühnerjagd« in diesem Gebiet so ausgezeichnet sei und im Jahr 1853 »im Revier Gern bei München 3300 Stück« sowie 300 Kaninchen geschossen wurden9.

Die Remisen sind alle noch in älteren Gerner Karten eingezeichnet, viele wurden erst um 1900 vor allem als Baugrund verkauft. Der heutige »Taxisgarten« zum Beispiel, die grüne Gerner Biergartenoase an der Taxisstraße, keine 15 Gehminuten von hier, ist 1920 als »Erholungspark für Kriegsbeschädigte« aus so einem königlichbayerischen »Schlupfgebüsch« hervorgegangen. Immerhin. Die besten Geschichten schreibt die Geschichte.

Dreieckiges Land rund um vier Klosterhöfe

Schließlich und endlich steht man gerade an dieser Stelle, am Ende der Gerner Straße und der Kreuzung, am historischen Ursprung Gerns, im Zentrum des mittelalterlichen Dorfes. Sein Name bedeutet übrigens im mittelhochdeutschen »Spitzacker« oder (durch einen diagonal kreuzenden Weg in zwei Dreiecke zertrenntes) »keilförmiges Grundstück«. Und davon gab es in Gern eine ganze Reihe, nicht zuletzt hier an dieser Zusammenführung zweier mittelalterlichen Überlandstraßen: der Gerner Straße und dem »Gernerweg«, heute Klugstraße.

Eigentlich bedeutet »gêr« Speer, Wurfspieß. Wegen der keilförmigen Form der Spitze wurde der Begriff aber auch sowohl für dreieckige Tucheinsätze bei der Kleidung wie für derartig geformte Landflächen verwendet[10]. Entsprechend der unspektakulären Bezeichnung heißen allein in Bayern 15 Orte Gern, die Zusammensetzungen gar nicht mitgerechnet.

Man muß für diese tiefste Geschichtsschicht Gerns alle Phantasie walten lassen, denn die vier Höfe, die sich unmittelbar hier an der Einmündung Gerner/Klug Straße, entlang der schon mittelalterlichen Wegführung und -kreuzung, konzentrierten, sind abgerissen. 1970 als letzter der Ballaufhof, der unmittelbar links von der Hofjagdintendanz stand. Soweit das Übliche.

Das Besondere aber ist, daß sie alle vier »Klosterhöfe« gewesen sind, also sich das Land früher ausschließlich in geistlichem Besitz befunden hatte. Zuletzt wurde es von den Klöstern Dießen, Dietramszell und Beuerberg verpachtet. Die Wirtschaftsflächen der Gerner Höfe, deren Gesamtgebiet vom unteren Kanalkessel bis zum Westfriedhof, von der Pilar- und Taschnerstraße im Westen bis zum heutigen Olympiagelände im Osten reichten, blieben deshalb jahrhundertelang unzertrümmerte, also nicht durch bäuerliche Erbteilung zersplitterte, großflächige Besitztümer.

Hier liegt der wichtigste Grund für die spezifische Entwicklung und damit städtebauliche Besonderheit Gerns heute[11]. Es gab zusammenhängenden Raum, um einheitliche Siedlungskonzepte und die dazu erforderliche Infrastruktur verwirklichen zu können. Denn auch nach der Enteignung kirchlicher Güter in der Säkularisation zu Beginn des 19. Jahrhunderts wurde Gern nicht bäuerlich.

Die Bedeutung des Hofs in Nymphenburg verblaßte, dafür nahm die boomende Stadt München zunehmend Einfluß auf die Vororte.

Ein neues Kapitel wurde aufgeschlagen. Reiche Münchner kauften in Gern großzügige Areale als Spekulations- und Gewerbegrund, z. B. für Gärtnereien und Brauereien. Zunächst wurde Gern vor allem – ein idyllisches Ausflugsziel.

4.
PROSIT UND HURRA – DIE VERGNÜGUNGSMEILE FÜR AUSFLÜGLER

An einem schönen Sommerwochenende vor gut 100 Jahren hätte man – wieder gerade von diesem Standort aus – unternehmungslustige Städter nur so wimmeln sehen können.

Zwischen der Klugstraße, wo die große, 1970 errichtete Eigentumswohnanlage gleich gegenüber jetzt die Sicht verdeckt und dem dahinter vorbeifließenden »Würmkanal«, hatte 1876 der »Gerner Bräu« eröffnet.

Er war um die Jahrhundertwende bereits eine der bekanntesten Brauereien und mit dem größten Festsaal des Münchner Westens, der 1000 Personen faßte, einem kastanienbestandenen Biergarten mit Musikpavillon und Tanzboden lange ein etablierter Schauplatz vieler Feiern[12]. Mir ist nur der bescheiden gewordene Betrieb neben den bombenruinierten Brauereigebäuden vor dem Abriß 1970 erinnerlich.

Auch äußerliche Abkühlung fanden damals die sportlichen Münchner hier heraußen, im privat betriebenen Rothschen »Gerner Bad« am Würmkanal, von hier aus nur wenige Schritte nach links die Klugstraße hinauf zur Nederlinger Brücke.

Das »Gerner Bad« lag rechts von der Brücke etwas kanalabwärts. Schon 1856 wurde es als eines der beliebten Freibäder entlang der Würm, bzw. dem nach dem Park nordöstlich Richtung Rondell ausgeleiteten »Würmkanal«, gegründet. Er bewässerte auch das fast ebenso alte »Schloßmühlbad« hinter dem Schloßrondell wie weiter abwärts in Schwabing das »Ungerer Bad«.

Im Rothschen »Gerner Bad« grenzten Bretter an den Ufern ein flaches Becken ein. 60 Badehüttchen und Geschlechtertrennung sorgten für Anstand, ein Restaurant an der Stelle Nederlinger Straße 35 regenerierte die Kräfte.

Seine Königliche Hoheit im Würm-Familienbad

Das Gerner Bad war so beliebt, daß selbst der leutselige und »wassernarrische« Prinzregent Luitpold es öfters einmal seiner exclusiven »Badenburg« in Nymphenburg und seinem eigens für ihn eingerichteten sportlichen Freiluft-»Regentenbad« oberhalb der Schloßparkkaskade vorgezogen hat.

Um 1930 hatte sich dieser einst pionierhafte Familienbadtyp wie das »Gerner Bad« überlebt, das 1912 gebaute Dantebad an der Waisenhausstraße war modern. Das Nymphenburger »Schloßmühlbad« allerdings hielt als Relikt einer anderen Zeit sogar nach dem 2. Weltkrieg noch eine ganze Weile bis 1958 durch.

Eine Familie oder auch ganz »Gschamige« konnten damals noch, wenn sie nicht das allgemeine steinerne Schwimmbecken benutzen wollten, eines der gereihten hölzernen Abteile ganz für sich mieten. Die Kleidung legte man auf eine Bank und stieg einige Stufen ins gut hüfthohe Würmwasser, das mit einiger Strömung unter den Kabinentrennwänden durchfloß. Die Holzwände reichten bis sehr knapp auf die Wasseroberfläche, der Keuschheit wegen.

Für uns Jüngere genügte als Wassersportgebiet oft der Würmkanal (Nymphenburg-Biedersteiner Kanal) oder »Canaletto«, kleiner Kanal, wie ihn die Gerner nannten. Sie spielten damit doppelsinnig auf den Schöpfer der schönsten Nymphenburg-Ansichten, den italienischen Maler Canaletto, an.

Die Uferböschungen waren damals noch reizvoll licht und ergaben mit dem »Canaletto« ein weitläufiges und malerisches Ensemble. Sie waren noch nicht zur ungepflegten, finsteren Röhre verwuchert. Zum Abfrischen sind wir schlicht bäuchlings, auf die gestreckten Arme gestützt, in der »Gegenstromanlage« flach getrieben oder flußaufwärts gekrabbelt. Ich habe ein geliebtes Kinderringerl dabei abgestreift, kein Fisch hat es mehr auf des Königs Tisch gebracht.

Außer den Freizeitaktivitäten in Gern lockten noch weitere die städtischen Münchner der Prinzregentenzeit in den Westen.

Nicht nur der Englische Garten und der Hofgarten neben der

(Stadt)Residenz standen seit dem Ende des Absolutismus noch vor Beginn des 19. Jahrhunderts den Bürgern zur Verfügung. Auch der Park des Nymphenburger Lustschlosses stand ihnen seit 1792 frei und gerade der Hirschgarten, ursprünglich Zuchtgehege für das herrscherliche Jagdvergnügen, war schon seit 1790 große Münchner Attraktion. Das neue »Jagdschlößl« dort diente nicht nur dem Kurfürsten, Carl Albrecht hatte es auch in Teilen dem allgemeinen Wirtschaftsbetrieb geöffnet.

Eine geglückte bayerische Mischung aus aufgeklärter, vordemokratisch-landesväterlicher Fürsorge und Eigennutz(ung).

In einem der »Kavallierhäuser« am Schloßrondell, beim »Controlor«, florierte in langer Tradition ein vielbesuchtes Café-Restaurant. Jährlich fand vor dem Schloß eine Juliwoche lang die »Magdalenendult« zum Gedenktag der Patronin von Nymphenburg statt. Sie löste eine wahre Völkerwanderung der Münchner zu der »augenheilenden« Quelle in der Magdalenenkapelle des Parks aus, zu den Biergärten und Sehenswürdigkeiten im und rund ums Schloß und zu den vor seiner Front errichteten Schaubuden.

Ritter, Sennerinnen und Zigeuner …

Vor allem der 1883 eröffnete »Volksgarten« nahe dem Romanplatz mit 1800 Sitzplätzen und Raum für 30 000 Menschen war eine Art Münchner Prater.

Der »Volksgarten« bot einen 36 Meter hohen Aussichtsturm mit Aufzug, eine Ritterburg für mittelalterliche Spiele, eine oberbayerische Alm, ein ungarisches Gasthaus mit Zigeuner- und Damenkapellen, einen kleinen Tierpark, Varieté und Zirkus, Völkerschau, elektrische Drahtseil- und Radrennbahn, Ballonaufstiege, Feuerwerke und einen Märchengarten für Kinder. Der Vergnügungspark war bis 1914 der größte und modernste Europas.

Daran schloß sich noch der »Curgarten« an, der außer mit verschiedenen Speiseetablissements noch mit Gesundheitsaspekten wie

Kneippbädern und ähnlichem viele Gäste lockte, so daß das Ausflugsareal insgesamt fast bis zur heutigen S-Bahnlinie Laim reichte[13].

Schon denkwürdig, welche heute gar nicht mehr so vorstellbare Dimension der Vergnügungssektor hatte und welche Pracht er im München der Prinzregentenzeit entfaltete, bis der Erste Weltkrieg allem ein abruptes Ende setzte und die Umwandlung in Wohnraum begann.

Diese und weitere Ausflugsziele im sonst idyllisch-ländlichen Raum der drei Gemeinden im Westen waren inzwischen bereits durch öffentliche »Massenverkehrsmittel« erschlossen. Die erste Münchner Pferdebahn fuhr seit 1876 vom Promenadeplatz den alten »Fürstenweg« entlang durch die Nymphenburger Straße bis zur Stadtgrenze Maillingerstraße. Ab 1883 fuhr sie als Dampftrambahn weiter durch die Romanstraße bis zum »Volksgarten«. Von der Haltestelle Neuwittelsbach waren es nur rund 10 Gehminuten nach Gern. Und seit 1900 gab es zudem eine elektrische »Tramway« durch die Waisenhausstraße zum Westfriedhof.

Gern lag also nicht mehr fern. Die wichtigste Voraussetzung für Münchner dort auch zu wohnen.

5.
MODELLPROJEKT »FAMILIENHÄUSERCOLONIE GERN« – DIE ÄLTESTE REIHENHAUSSIEDLUNG MÜNCHENS

Geht man nun wieder zur Gerner Straße und in dieser wieder etwas zurück, nach der abzweigenden Tizianstraße auf der linken Straßenseite noch bis zu den Häusern Nummer 22–48, dann steht man an dem Platz, wo mit dem ersten Spatenstich am 12. September 1892 das heute so geschätzte Wohnviertel Gern, damals eine städtebauliche Neuheit, zu entstehen begann.

Die industrielle Revolution in der 2. Hälfte des 19. Jahrhunderts hat viele Umwälzungen und entsprechendes Bevölkerungswachstum zur Folge gehabt. München wächst, dehnt sich in der Prinzregentenzeit räumlich aus. Die steigende Wohnungsnot in der Stadt macht das »ländliche« Umland zum Wohnziel für Münchner, »Zuagroaste« und in München beruflich Tätige. Eine Art Wirtschaftswunder nach dem Krieg 1870/71 hatte auch ein selbstbewußtes Besitzbürgertum geschaffen, das sich angemessene Häuser leisten konnte.

Wie gesagt, München boomte, hatte seine große »Belle Epoque«.

Und diese mit der Gründung des Deutschen Reichs 1870 beginnende und so benannte »Gründerzeit« brachte auch ein äußerst potentes Unternehmertum zum Zuge. Es verband die persönlichen wirtschaftlichen Interessen mit fundierten Fähigkeiten sowie mit ethischen Grundsätzen und dem Glauben, mit den eigenen Leistungen das Allgemeinwohl und den sozialen wie technischen Fortschritt des Landes zu fördern.

Jakob Heilmann, der avantgardistische Gründerzeit-Boß

Der Gründer des neuen und neuartigen Wohnviertels Gern war Jakob Heilmann, ein hervorragender Vertreter dieses Unternehmertyps.

Heilmann hatte ein für München bahnbrechendes wohnungspolitisches und städtebauliches Konzept. Er legt mit der theoretischen Denkschrift »München in seiner baulichen Entwicklung« seine Ziele dar, im Gerner Musterprojekt verwirklicht er sie erstmals[14].

Heilmann ist Ingenieur und Baumeister, 1846 bei Aschaffenburg geboren, Schüler von Walter Gropius. Er gründet 1871 in München seine eigene Baufirma. Zusammen mit dem Schwiegersohn Architekt Max Littmann als Teilhaber, ist die Firma »Heilmann und Littmann« bald führend in Süddeutschland. Sie errichtet viele Großbauten, u. a. das Prinzregententheater, Hertie, Oberpollinger, das Hotel »Vierjahreszeiten« wie das Hofbräuhaus.

Zur Beförderung der fortschrittlichen Elektrizität wird Jakob Heilmann aber auch Mitbegründer der Isarwerke, zur Förderung des Verkehrswesens wirkt er auch im Eisenbahnbau mit. Trotz dieser Mammutprojekte ist er ganz persönlich im Wohnungs-, vor allem im Eigenheimbau engagiert.

Innerhalb von 15 Jahren hatte sich die Einwohnerzahl Münchens bis 1890 mehr als verdoppelt, in der Innenstadt waren ganze Mietskasernenquartiere entstanden. Großbürger- und Bürgertum wünschten sich abzugrenzen und standesgemäß in repräsentativen Villen zu wohnen. Für den erstarkenden Mittelstand aber waren Einfamilienhäuser bis 1890 noch nahezu unerschwinglich, nur weit unter einem Prozent der Münchner besaß ein Einfamilienhaus[15].

In dieser Situation suchte Heilmann die Wohnungsnot zu lindern. Aber statt »dichtgedrängter Häuserkolosse« in hohen und engen Straßenschluchten empfahl er »kleine Häuser mit Garten, möglichst viel Luft und Licht«, dazu preiswert und dennoch architektonisch ansprechend und abwechslungsreich.

Ein ehrgeiziges Projekt mit beachtlichen sozialen, ökonomischen, medizinischen und baugeschichtlichen Reformgedanken. Angesichts der damaligen Gegebenheiten war es kühner und avantgardistischer, als es heute scheint.

In der Stadt München stand allein schon die Bauordnung dagegen. Also blieben die Landgemeinden, die Vororte. Da die Gründung einer gemeinnützigen Baugesellschaft großen Stils gescheitert war, organisierte Heilmann seine Unternehmen zwar als die üblichen privaten, kommerziellen »Terraingesellschaften«. Er ergriff aber als gemeinsinniger Gründerzeitboß energisch die amtlicherseits noch fehlende stadtplanerische Initiative und kaufte große Flächen billigen Brachlands rund um den Stadtrand, um seine Idealvorstellung als erstes in Gern umzusetzen.

Nicht ohne das revolutionierende Programm seines Erstlings in seinem Aufsatz »Familienhäuser-Colonie Nymphenburg-Gern. Ein praktischer Versuch zur Lösung der volkswirtschaftlichen Frage des Familienlebens« 1892 auch theoretisch begleitend zu reflektieren.

Im beginnenden Zeitalter der Werbung gibt Heilmann bald nach Baubeginn 1893 einen Verkaufsprospekt heraus. Er preist erst einmal die Lage an, das idyllische Landleben, die »ruhige, vornehme Nachbarschaft« zu Schloß Nymphenburg, Eislauf- und Badegelegenheit – das Gerner Bad und die Dampftrambahn sind auf dem Plan eigens eingezeichnet – Gondelfahrten auf dem Kanal, die Verkehrsverbindungen, dazu die Aussicht auf moderne Kanalisation und elektrische Straßenbeleuchtung.

Der Prospekt zeigt aber auch sein Konzept.

Zielgruppe für die »Colonie« ist der gebildete Mittelstand. »Gelehrte, Künstler, Schriftsteller, Beamte, Pensionisten und Rentiers«, wie Heilmann wirbt. Diesen »Kolonisten« will er den Kauf eines preiswerten, gediegenen eigenen Heims im ruhigen Grün und in guter Verkehrslage zum Arbeitsplatz ermöglichen.

Englische Cottages oder Jugendstilhäuser für moderne Münchner

Am billigsten ist die Reihung. Für Arbeitersiedlungen, wie in München die »Feldmüllersiedlung« in Giesing von 1840, war das gängig. Also versucht Heilmann die Vorteile von Einfamilien- und Reihenhaus miteinander zu verbinden und bietet in Gern die erste Familien-Reihenhaussiedlung dieser Art in München. Hier an der Gerner Straße steht die erste Zeile. Sie sieht weitgehend noch so aus wie damals, heute allerdings ist sie hinter den inzwischen über hundertjährigen Alleebäumen versteckt.

Das Vorbild gab England, wo die industrielle Entwicklung früher eingesetzt hatte. Ähnliche Siedlungen waren 1875 in der Nähe Londons (Bedford Park) entstanden und in Belgien. Bedfordpark war an einer Bahnstation 20 Kilometer vor London gelegen. Die Bewohner waren großstadtflüchtige Mittelschicht, darunter viele Künstler, die dieser neuen Bewegung angehörten. Der Baustil der Häuser orientierte sich an historischen Vorbildern, also an Fachwerk, wie im 17./18. Jahrhundert gebräuchlich.

In Berlin und Wien waren seit etwa 1865 erste stadtnah an Verkehrslinien liegende Villenvororte, zum Teil auch durch Terraingesellschaften, erschlossen worden. Die parkartigen Vororte in Berlin wie z. B. Lichterfelde mit Doppel- und Reihenhäusern im englischen Stil, d. h. vorwiegend als »Cottagetyp«, galten als vorbildhaft in Europa. München fand erst durch Heilmanns Initiative Anschluß an diese Bewegung.

Zurück zu der allerersten Reihenhauszeile Münchens in der Gerner Straße.

Heilmann reiht in seiner Kolonie im allgemeinen drei- bis vierzehn zweistöckige Häuser, so wie gerade hier. Aber trotz rationell gleichem einfachen Grundriß wird äußerlich durch oft einfache Stilmittel für Variationen gesorgt, so daß man den Reihenhaustyp oft erst auf den zweiten Blick erkennt.

Am besten studiert man den Formenreichtum auf dem Weg weiter hinein ins Viertel, die Gerner Straße wieder hinauf bis zur ersten Abzweigung in die Tizianstraße. Dort ist ja eigentlich auch bereits mein langer Schulweg eingebogen, bis rechterhand das Haus Ecke Tizian- / Kratzerstraße 19 erreicht war und erst einmal aufatmend die schwere Schultasche in der Diele abgeladen wurde.

Das Elternhaus, ein historischer Prototyp

Auch unser ehemaliges Wohnhaus ist typisch für Gern. Um die doch differenzierte gesellschaftliche Schichtung und Kaufkraft zu berücksichtigen, hat Heilmann außer den überwiegenden Reihenhäusern immer wieder freistehende Einzel- und Doppelhäuser dazwischen gefügt, bzw. End- oder Eckgrundstücke wie dieses geräumiger und großzügiger gestaltet. So reichten die Hauspreise von 9500 bis 23 000 Mark und das Viertel wurde baulich durch diese wirtschaftlich kluge Mischung umso vielgestaltiger und damit attraktiver.

Mein Großvater war auch ein typischer Käufer und Kolonist aus Heilmanns Zielgruppe: als Major gehobener Mittelstand, eine Familie mit fünf Kindern, passionierter Jäger und schon deshalb das Grüne liebend; außerdem in München als Militär auf dem nahen Marsfeld (heute Olympiapark) berufstätig und auf renommierte gutbürgerliche Umgebung bedacht. Allerdings hat er das 1893 erbaute Haus erst 1908 erworben.

Die Fassade des Hauses ist konservativer, sogenannter »Heimatstil«, mit historisierendem Dekor: ein altdeutscher Ecksöller im zweiten Stock und eine Art Erker am Wohnzimmer im Parterre, dazu Asymmetrien zur Auflockerung des Baukörpers wie der Wechsel von gebogten und rechteckigen Fenstern. Aus Erfordernissen des Raumprogramms im Hausinnern wurden drei der Fenster beim Bau »blind gemauert«, damit die Fassade trotzdem regelmäßig erschien. (Als Kind, dem dieser »Architektenkniff« unbekannt war, haben mich diese »verschlossenen Fenster« sehr verwundert und gestört.)

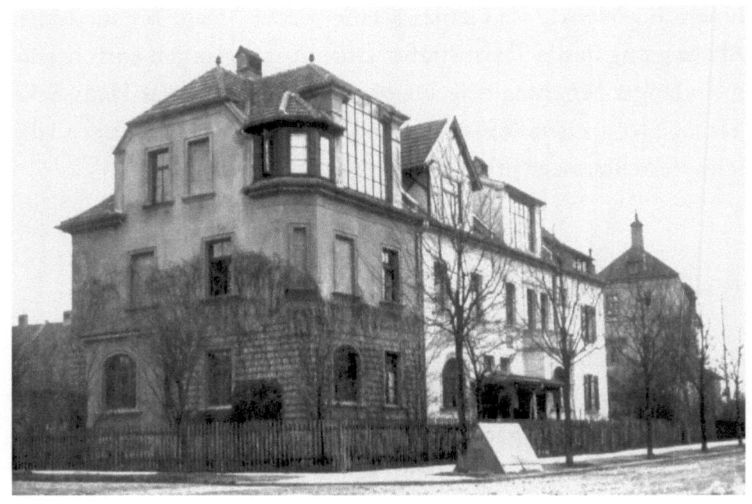

Das Elternhaus Kratzerstraße 19, als Teil eines Heilmannschen »Vierspänners« 1893 im sog. Heimatstil erbaut. Der Hauseingang liegt zurückversetzt im Süden (linker Bildrand). Im übernächsten Atelierhaus, Tizianstraße 91, wohnte mein Onkel, der Kunstmaler und Zeichner Gerhardt Hentrich.

Nach unserem Wegzug wechselten die Besitzer. Die Fassade wurde im Zuge der Modernisierung entscheidend verändert. Vor wenigen Jahren aber wurde sie behutsam und weitgehend stilgenau renoviert, selbst das neue Atelierfenster bekam wieder eine originalgetreue Sprossenrasterung.

Im übrigen waren die Gärten, sogar die der Eckgrundstücke, nicht sehr groß. Von der Gartentüre führte früher ein geradliniger Weg zum Hauseingang, gesäumt von einem Beet mit Rosenhochstämmen. Ein Rasenstück, eine Rabatte hatten dem ästhetischen Anspruch zu genügen, ein kleiner »Hausbaum« für den Schatten über der Gartenbank. Den Gartenzaun entlang standen als lockerer Sichtschutz zum Beispiel Flieder- und Jasminbüsche wie bei uns. Zwei Weichselkirschbäume deuteten unseren Nutzgarten an.

Funktional wichtiger waren das Areal und die Vorrichtungen zum Teppichklopfen – die abbaubaren Metallstangen waren unser Turnreck – und zum Aufhängen der vielen Wäsche. Meine Großmutter hielt dabei noch auf die überkommene Hausfrauenehre, die repräsentativsten und die unverfänglichen Wäschestücke vom Dienstmädchen an die beiden Außenleinen, die eventuell ausgebesserten und die delikateren wie Dessous an die inneren hängen zu lassen. Wenn die Wäscheseile mit den großen Bettlaken und Tischtüchern zuletzt mit Hilfe langer, oben eingekerbter Holzstangen aufgestützt wurden, um freier im Wind zu hängen, so bot dieser Gartenteil den Kindern ein verlockendes, natürlich unerlaubtes Labyrinth und Versteck.

Fitneßtraining inklusive: Treppauf, treppab …

Das originale Hausinnere habe ich in meiner Kinderzeit noch bestens konserviert erlebt. Bis lange nach dem Zweiten Weltkrieg fehlte das Geld für Renovierung, daher wohnte man fast genau wie vor der Jahrhundertwende.

Eine steile Holzstiege führte vom Vorflur aus hinunter in die verschiedenen Kellerräume: zur Lagerung der Kohlen für die Dampfheizung, die der Kohlenmann bei Lieferung aus seinem Sack vom Garten aus durch ein niedriges kleines Fenster direkt hinunterschüttete, Raum für die Einmachgläserbatterien, Schmalz-, Eiereinlegtöpfe und Obststellagen, für das Kartoffellager, für die große Waschküche mit dem Einseiftisch und dem kupfernen Warmwasserkessel plus der einzigen Familienbadewanne. Eine düstere Arbeitsunterwelt für sich.

Im Hochparterre, der »Bel Etage«, waren Flur, Diele, Küche, Wohnzimmer mit Doppelschiebetüre zur Bibliothek, vormals dem »Besucherempfangsraum«. Im ersten Stock die Schlaf- und Kinderzimmer. Neben dem großen Atelier im zweiten Stock eine bescheidene Kammer mit Schrägwänden unter dem Speicherteil für das Hausmädchen. So war das für den Haushalt »gehobener Stände« in den größeren Gerner Häusern baulich bereits obligat eingeplant. Nach Süden waren vor allem das raumgreifende Treppenhaus und die (einzige) Toilette im ersten Stock gebaut. Plüsch und Seide zur Ausstattung der Repräsentationsräume verschossen ja früher leicht bei zuviel Sonne, weshalb die Südausrichtung eher vermieden wurde. Auch bei der Anlage der Gärten galt ja wegen der Gefährdung des vornehmen blassen Teints und durch Sommersprossen Verschattung als Vorzug.

Fenster verstärkten in der kalten Jahreszeit die unerwünschte Auskühlung durch die wenig luftdichten Holzrahmen. Das jährliche Signal für den nahenden Winterbeginn war daher die Großaktion, in der die Fensterdoppel vom Speicher gewuchtet, in die zusätzlichen Scharniere des Fensterkastens eingehängt und entlang den Fensterbrettern kälteisolierende, dicke Stoffrollen dazwischen gelegt wurden. Im Atelier war das natürlich nicht vorgesehen, bei Frost glitzerten daher morgens nicht nur die Eisblumen an den zahlreichen Scheiben, sondern schon auch die Wände.

Die am meisten benutzten Hausbereiche dieses Wohnstils, so scheint es mir wenigstens in meiner subjektiven Erinnerung, waren die Stiegenhäuser. Aus dem Keller waren mangels Kühlschrank ständig die kühlungsbedürftigen Lebensmittel oder Speisen heraufzuholen oder dorthin hinunterzutragen, die Wäsche zu transportieren, der Heizkessel nachzuschüren etc.

Und die herrlich hohen Decken der Wohnräume vermehrten noch die Zahl der Stufen, die so oft in die Obergeschosse und zurück zu nehmen waren. Vor allem bis in den zweiten Stock, wo das Atelier zu unserer Zeit als Schlaf und Schrankraum mitgenutzt werden mußte. Der Ruf eiliger Erwachsener »Kinder, ihr habt junge Beine, hol mir doch bitte eines von euch noch ein Taschentuch, ich hab`s vergessen!« oder so ähnlich nötigte nur allzu häufig zu unbeliebtem Fitneßtraining. Treppauf, treppab.

... aber die Straßen tipptopp modern

Wenn man einen Abstecher weiter südlich in die Kratzerstraße macht, steht man bei den Häusern Nummer 2–8 und 10–14 vor einem Unikum Gerns, nämlich ebenerdigen Fachwerkhäusern. Heilmann selbst hat sie gleich zu Baubeginn 1892 entworfen, darunter die beiden kleinsten Häuschen der ganzen »Colonie«.

Auch in der Kratzerstraße haben, wie überall in Gern, gemäß Heilmanns Ziel großer formaler Vielfalt verschiedene Architekten gewirkt. Unter anderem Erich Göbel, Paul Böhmer und Franz Böttge, die im allgemeinen wie Heilmann den englischen Cottagetyp, bzw. den in seiner historisierenden Mischung quer durch die deutsche Baugeschichte reichenden »Heimatstil« repräsentierten[16]. Damit konkurrierte ab der Jahrhundertwende der avantgardistische Jugendstil, in Gern vor allem glänzend durch Rudolf Hofmann vertreten. Die Jugendstilhäuser sind allerdings in anderen als der sehr früh bebauten Kratzerstraße zu finden.

Errichtet wurde unser Hausgespann nach den Entwürfen von Heilmann und Littmann, beziehungsweise von Architekt Göbel als dem hauptsächlichen Mitarbeiter. Mein Großvater als konservativer Militär hat sich sicher aus Neigung für ein Historismus-Haus entschieden. Denn auch die von meinen Großeltern ererbten silbernen Schalen, Dosen, Kannen, das Obstkörbchen oder die Bowle sind – zu meinem Bedauern – alle klassizistisch. Die Ausstattung ihres jungen Hausstands hatte nach ihrem Kunstverständnis »anständig«-repräsentativ und keinesfalls neumodisch gewagter oder gar »lasziver« Jugendstil zu sein.

Innerhalb der Siedlungsanlage gehört die Kratzerstraße hierarchisch zu den kleineren Querstraßen. Aber selbst diese haben in Gern oft noch Alleen, sind allerdings im Gegensatz etwa zu den großen Linden der breiten Tizianstraße mit entsprechend kleinwüchsigeren Bäumen bepflanzt. Hier in der Kratzer Straße sind es trickreich und früher sehr gekonnt »höfisch« gestutzte Kugelakazien. Leider sind sie nicht mehr einheitlich und proportioniert, teils auch unsystematisch durch Ahorn ersetzt.

Früher boten die Akazien beste Gelegenheit, ein großes Seil an eine von ihnen anzubinden, es über die ganze Straßenbreite zu spannen und rottenweise gemeinsam Seilzuspringen. Wir wurden zumindest untertags nicht oft gestört, denn nach dem Krieg gab es in Gern noch lange viele Kinder, aber wenige Autos. Apropos: Drangvoll eng wirkt die Straße heute erst durch die geparkten Fahrzeuge. Und Garagen in diesem historischen Viertel nachträglich einzubauen, wenn überhaupt möglich, ging sehr auf Kosten der Ästhetik. Unsere Familie und der Nachbar gehörten übrigens zu den wenigen, die schon vor dem Zweiten Weltkrieg – wir für kurze Friedenszeit sehr vorübergehend als stolze Mercedes-Cabrio Besitzer – Garagen bauten.

Die gußeisernen Straßenlaternen – erst mit Petroleum betrieben, nach dem Krieg noch lange mit Gas und abends vom radelnden »Stangerlmo« entzündet – komplettierten von Anfang an das fortschrittlich-komfortable Service- Angebot der »Familienhäuser-Colonie« Heilmanns.

Sie war ein voller Erfolg.

1898, sechs Jahre nach Baubeginn diese Modellprojekts, standen schon über 100 Koloniehäuser – Gern hatte 417 »Kolonisten« – und stiegen bald auf die geplante Zahl von 280. 1899 wurden Gern und Nymphenburg, das sich etwa ab 1880 zu einem vornehmen Villenviertel vor allem der oberen Klassen entwickelt hatte, in die Stadt München eingemeindet, wie Neuhausen schon neun Jahre zuvor. Der Zuzug war rasant. Die Gemeinde Nymphenburg / Gern verdoppelte sich allein bis 1905 innerhalb der letzten 10 Jahre auf 10 750 Einwohner.

6. KÜNSTLERHOCHBURG ZUR GLANZZEIT GERNS

Wieder zurückgekehrt zur Kreuzung der Kratzer- und Tizianstraße präsentiert diese sich heute weit unbelebter als noch bis etwa 1970 / 80.

Bevor die Geschäfte größer, aber weniger wurden, waren in den anderen Eckhäusern ein Milch-, ein Lebensmittel- und daneben ein Metzgerladen, was die Kreuzung zu einem Teilmarktplatz von Kern-Gern machte. Einmal händehaltend darübergehen genügte früher und man konnte sich die Verlobungsanzeige sparen.

Vor allem aber führt der Weg hierher zurück in die Tizianstraße zum Kapitel: Gern als Künstlerviertel.

Ein originales Atelier unterm Dach, von unserer Familie freilich schon seit Generationen zweckentfremdet, hat unser früheres Haus nicht ausnahmsweise und zufällig. Leider ist auch dessen Fenster durch große Isolierglasscheiben völlig stilwidrig modernisiert. Schon das übernächste Haus der vierspännigen Reihe, Tizianstraße 91, ist zum Beispiel wieder eine Ateliervilla. Bis 1973 lebte und arbeitete, aber wirklich einschlägig als Künstler, dort mein Onkel, der 1912 aus Thüringen zugezogen war, um an der Münchner Kunstakademie zu studieren. Der Abstecher dorthin zeigt ein besonders vorbildlich erhaltenes Beispiel eines großdimensionierten Atelierreihenhauses und das Atelierfenster im zweiten Stock mit dem Eisenrahmen und den eingekitteten Scheiben ist eines der wenigen Originale in Gern.

Wie mein Onkel war eine große Zahl von Künstlern bereits ab der Mitte des 19. Jahrhunderts nicht nur aus vielen Ecken Deutschlands, sondern auch Europas, nach München geströmt. Die Stadt stieg zur führenden deutschen und internationalen Kunstmetropole und mit europaweit besuchten Kunstausstellungen zum zentralen Kunstmarkt auf. Nur Paris und London waren vergleichbar.

So ehrenvoll und fruchtbar die geballte Künstlerfülle, so glänzend der Aufstieg zur Kunststadt: Durch den enormen Sog wurde

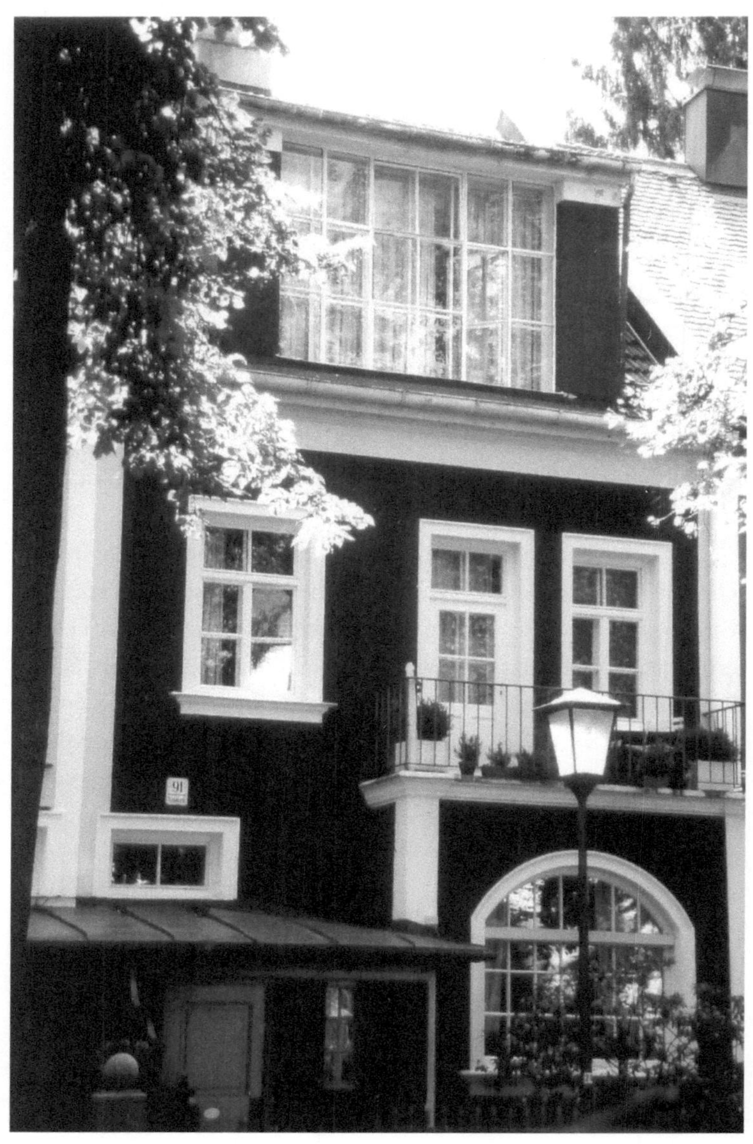

Das Künstlerviertel: In dem schön restaurierten Atelierhaus Tizianstraße 91 hat der Kunstmaler Ferdinand Otto Schulze (etwa 1880–1919) und der Maler und Graphiker Gerhardt Hentrich (1892–1973) gewohnt. Eines der wenigen Häuser Gerns mit noch originalem Atelierfenster.

es räumlich eng in München und außerdem war auch nicht jedes Talent ein Krösus.

Noch ein Novum: Künstlerkolonie vom Reißbrett

Der praktisch stadtplanerisch denkende Heilmann sah ohne Abhilfe durch fortdauernde Wohnungsnot sogar den Rang Münchens als Kunstmetropole gefährdet. Deshalb, so schrieb er in seinem Immobilienprospekt, wollte er gerade Künstler mit seiner Gerner Kolonie-Idee unterstützen.

Er bewarb sie dementsprechend erfolgreich. Von den 280 »Colonie«-Familienhäusern hatten daher ein Atelier, d. h. jedes sechste Haus war für einen Künstler vorgesehen oder von ihm in Auftrag gegeben worden. Ein Eigenheim mit spezialisiertem Arbeitsplatz in so einem Viertel und stadtnah, das war etwas Besonderes und Neuartiges.

Also noch ein Unikum Gerns. Dieser »Kunstort« war nicht, wie zum Beispiel Schwabing oder die nahe Malerkolonie in Dachau, zuerst von den Künstlern entdeckt und – aus den verschiedensten Gründen – als Wohnsitz gewählt worden. Er wurde umgekehrt als Kolonieprojekt theoretisch und sozusagen am Reißbrett einer Baugesellschaft und extra im Hinblick auf die spezifischen Anforderungen und Finanzverhältnisse von Kunstschaffenden entworfen und angeboten.

Auch dieser Teil von Heilmanns ausgefallenem Konzept schlug sehr gut ein. Nicht zuletzt, weil Heilmann eben falls für Künstler realistischerweise recht unterschiedliche Häuser- und damit Preiskategorien bot. Die Reihung allein machte das Eigenheim erschwinglicher und das Angebot reichte von geräumigen Eckvillen, wie z. B. unser früheres Haus, über schmalbrüstigere Häuser wie das meines Onkels bis zu ganz zweckmäßigen »Sparlösungen« von niedrigen Atelier-Reihenhäuschen wie in der Klugstraße 50–58.

Vor allem diese funktionalen Häuschen der Klugstraße, wo das

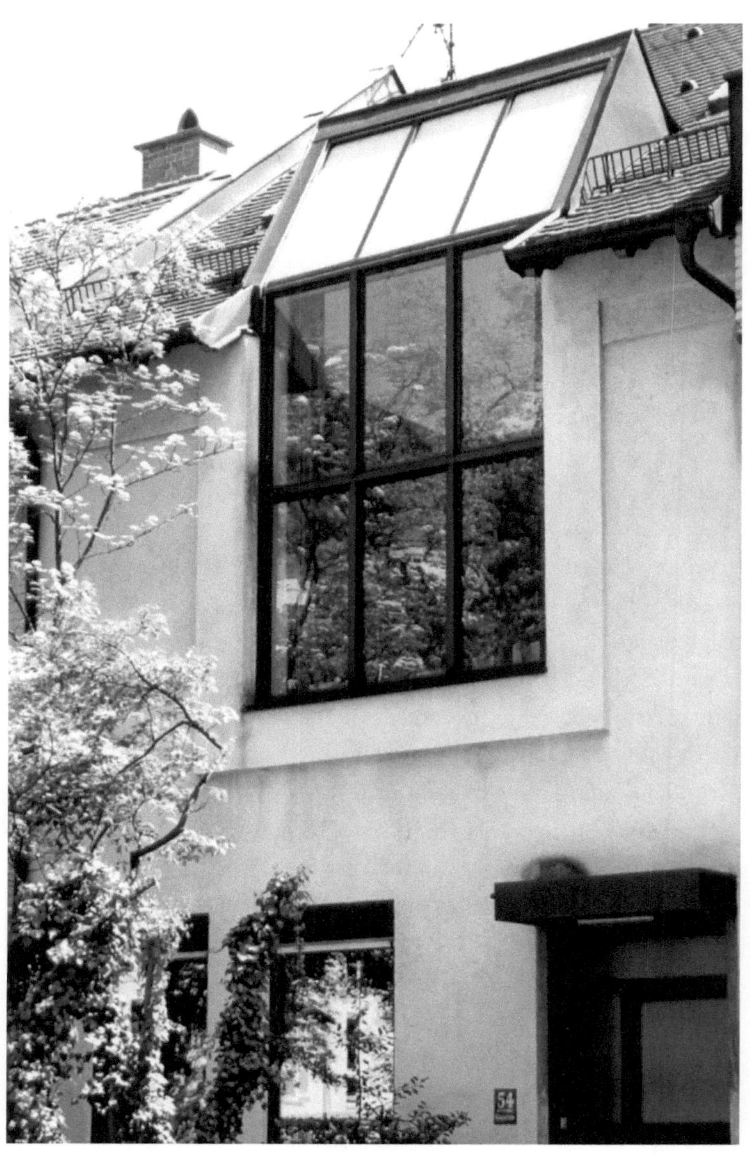

»Spar«-Atelier-Reihenhäuschen in der Klugstraße 50–58. Das schmalbrüstige Haus ist stark modernisiert. Vor allem ist die originale, aus Quadraten zusammengesetzte Scheibe durch moderne Fensterflügel ersetzt. Im Endhaus Klugstraße 58 hat der »Simplicissimus«-Karikaturist Th. Th. Heine von 1901–1919 gewohnt.

Atelier mehr als ein Drittel der knappen Wohnfläche einnahm, waren ein Novum. 1893 hatte Heilmann mit dieser ersten Atelierzeile die Künstlerkolonie Gern begonnen und kein geringerer als Th. Th. Heine zum Beispiel hat später in dem (geräumigeren) Eckhaus Nr. 58 gewohnt und gearbeitet.

Bis zum Zweiten Weltkrieg blieb Gern ein sehr renommiertes Künstlerviertel. Die besondere Glanzzeit Münchens war die Ära, die speziell für Bayern auch die »Prinzregentenzeit « heißt. Denn von 1886 bis 1912, also fast bis zur entscheidenden Weltkriegszäsur, regierte Luitpold, der dritte Sohn Ludwigs I., nach dem Tod seines Neffen König Ludwig II. und stellvertretend für den regierungsunfähigen Otto bescheidenerweise nur als Prinzregent. Diese Ära war auch die Hauptblütezeit Gerns ab seiner Gründung als Künstlerkolonie.

»Die Kunst blüht, die Kunst ist an der Herrschaft, die Kunst streckt ihr rosenumwundenes Szepter über die Stadt hin und lächelt … München leuchtete«, so schließt Thomas Mann das erste Kapitel seiner Erzählung »Gladius Dei«, die Münchens große Zeit um die damalige Jahrhundertwende so faszinierend und gültig beschreibt, daß die zwei berühmten plakativen Worte zum Topos wurden.

München leuchtete, durchaus bis hierher ins kleine Gern. Rückblickend erscheint es, als ob die europäischen Kunstzentren vor dem Ersten Weltkrieg in dieser Epoche noch ein mal besonders hell leuchteten wie ein Stern, der unmittelbar vor seiner Vernichtung in grandioser Sammlung seiner Energien zum Roten Riesen aufglüht.

Zwischen fürstlichen Künstlerresidenzen und bohèmen Malerbuden

Die großkalibrigen »Künstlerfürsten«, die strahlkräftigsten »Leuchten«, residierten freilich anders und anderswo in München, zentrumsnah in feudalen großbürgerlichen Palästen.

Im Jahr 1897/98 entstanden allein drei der bedeutendsten Künstlervillen. Am Königsplatz Franz Lenbachs repräsentative und großdimensionierte neoklassizistische »Villa«, orientiert am Typ der hochherrschaftlichen »villa« der römischen Antike. Im neuen, vornehmen Prinzregenten- beziehungsweise im angrenzenden Bogenhausener Viertel, die beide seit 1890 unter der Planung der Firma Heilmann und Littmann am Isarhochufer entstanden, schufen gleichzeitig Franz von Stuck und der Bildhauer Adolf von Hildebrand ihre prächtigen Residenzen, ebenfalls als Ausdruck ihrer machtvollen Künstlerexistenz.

Stuck plante eine statuenbekrönte Historische Villa mit dorischen Säulenportiken, Vestibül, Empfangs- und Musiksalon, Bibliothek, Speisesaal, Rauchzimmer und Boudoirs, ein zusätzliches Haus mit Maleratelier im Ober- und Bildhaueratelier im Untergeschoß, Dienstbotentrakt und Garagen. Er entwarf alles bis ins Detail selbst und gestaltete ein Gesamtkunstwerk von internationalem Rang. Die Ausführung übertrug er Heilmann und Littmann, die ohnehin an der Prinzregentenprachtstraße bauten und 1900 das Theater errichteten, wobei Max Littmann 1902 dort sogar seinen Wohnsitz nahm. Die Beziehungen gipfelten im übrigen 1917 mit der Heirat zwischen Heilmanns Sohn und Stucks Tochter.

Adolf von Hildebrand war für den Auftrag, der Fertigstellung der neuen Münchner Wasserleitungen durch den Bau des Wittelsbacher Brunnens am heutigen Lenbachplatz ein Denkmal zu setzen, von seiner Wahlheimat Florenz nach Bogenhausen gezogen. Große öffentliche Vorhaben durften nämlich zu dieser Zeit nur an ortsansässige Künstler vergeben werden. Wie Stuck entwarf Hildebrand (der als Schöpfer auch des Hubertusbrunnens am Nymphenburger Kanal schon erwähnt wurde) selbst sein mächtiges Wohn- und Atelierhaus an der Maria-Theresia-Straße, in dem er einen großen Salon als Treffpunkt vieler Persönlichkeiten Münchens unterhielt. Hildebrand übertrug den Bau dem bekannten Architekten Gabriel von Seidl, der im übrigen auch des »Künstlerfürsten« Kaulbachs nobles Palais errichtete.

Schwabing andererseits war bereits unbestrittenes Bohème-Ressort, eine eigene Kategorie und ein anderes soziales Milieu. Das ehemalige Dorf vor dem Siegestor im Norden Münchens war durch Zuzug rasch gewachsen, verstädtert, viele hohe Mietshäuser waren entstanden. Schwabing galt als Inbegriff der Kunstbetriebsamkeit besonderer Prägung, plastisch geschildert wiederum von Thomas Mann in seiner schon genannten Erzählung:

»Lässigkeit und haltloses Schlendern in all den langen Straßenzügen des Nordens ... Junge Künstler, runde Hütchen auf den Hinterköpfen, mit lockeren Kravatten und ohne Stock, unbesorgte Gesellen, die ihren Mietzins mit Farbenskizzen bezahlen, gehen spazieren, um diesen hellblauen Vormittag auf ihre Stimmung wirken zu lassen ... Jedes fünfte Haus läßt Atelierfensterscheiben in der Sonne blinken.«

Wenn in Gern verbürgterweise damals an jedem sechsten Haus die großen Scheiben blinkten, dann konnte es sich zumindest in der Atelierdichte wohl an Schwabing messen. Kurz nach Heilmanns Gründung der Villenkolonie lebten rund 80 Maler und Bildhauer in den Atelierhäusern des gediegenen, modernen, vorstadtidyllischen Viertels mit ganz eigenem Flair. Vor allem Tizian-, Malsen- und Klugstraße, die in West-Ost-Richtung verlaufen und die geeignete Nordseitigkeit der Ateliers bieten, waren gesuchte »Ballungszentren« der Kunst.

In Lebensstil und Gesellschaftsniveau gab es natürlich gewisse Unterschiede. Auch hier sortierte der Stand und der Geldbeutel die vielen Neubürger Gerns von auswärts oder aus anderen Gegenden in und um München. Zum Beispiel aus dem vielgeliebten, aber überbordenden Schwabing, das bereits zu teures Pflaster für opulentere Raumansprüche war.

»Unbesorgte Gesellen« mit gestundetem Mietzins dürfte die Künstlerklientel in Gern am wenigsten gewesen sein. Gesellschaftlich war sie überwiegend gutbürgerlich, recht gehobener Mittelstand. Weder eine Residenz beanspruchend noch zur provisorischen Malerbude gezwungen. Solide Besitzer eines modernen Eigenheims im Grünen im behaglichen Cottage- oder auch hypermodernem Jugendstil. Familienväter, von einigem Vermögen oder arriviert genug in ihrem Fach, um gut zu verdienen. Honorige Akademieprofessoren, nicht in den höchsten Olymp erhoben wie die »Künstlerfürsten«, aber wegen ihrer Verdienste um die Kunst immerhin wie Stuck und andere Größen vom Prinzregenten ebenfalls mit einem »von« geadelt.

Und ihre Zahl und Konzentration war bei der damaligen Attraktivität Münchens – und damit Gerns als Künstlerviertel – beachtlich. Die Festschrift zum 100-jährigen Bestehen der Villenkolonie Gern hat ein ziemlich vollständiges Namens- und Berufsverzeichnis von fast 70 Künstlern dieser Zeit und der meisten ihrer Hausadressen erstellt[17].

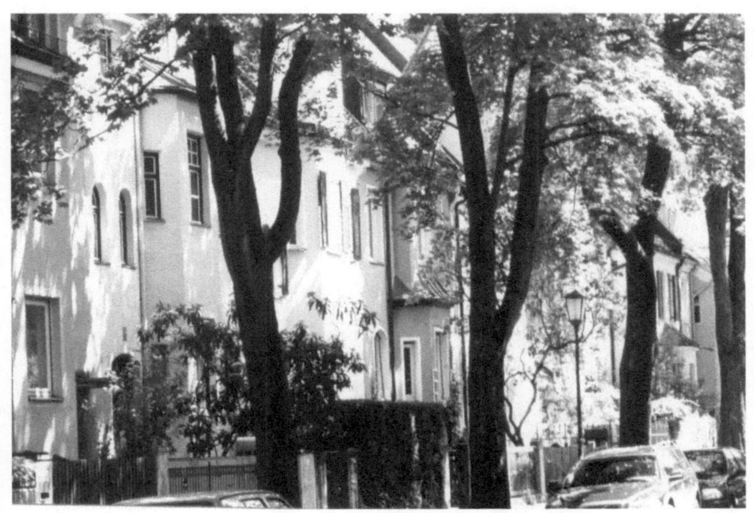

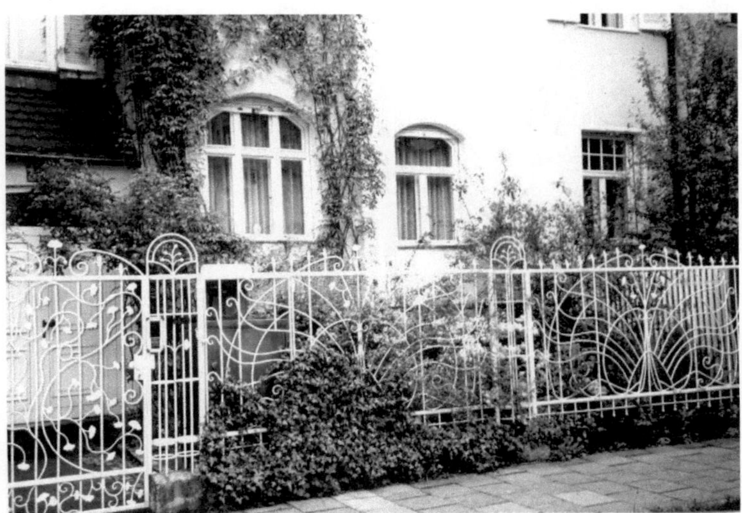

Flair und Stilvielfalt Gerns:
In der Böcklin-, Magdalenen- und Wilhelm-Düll-Straße.

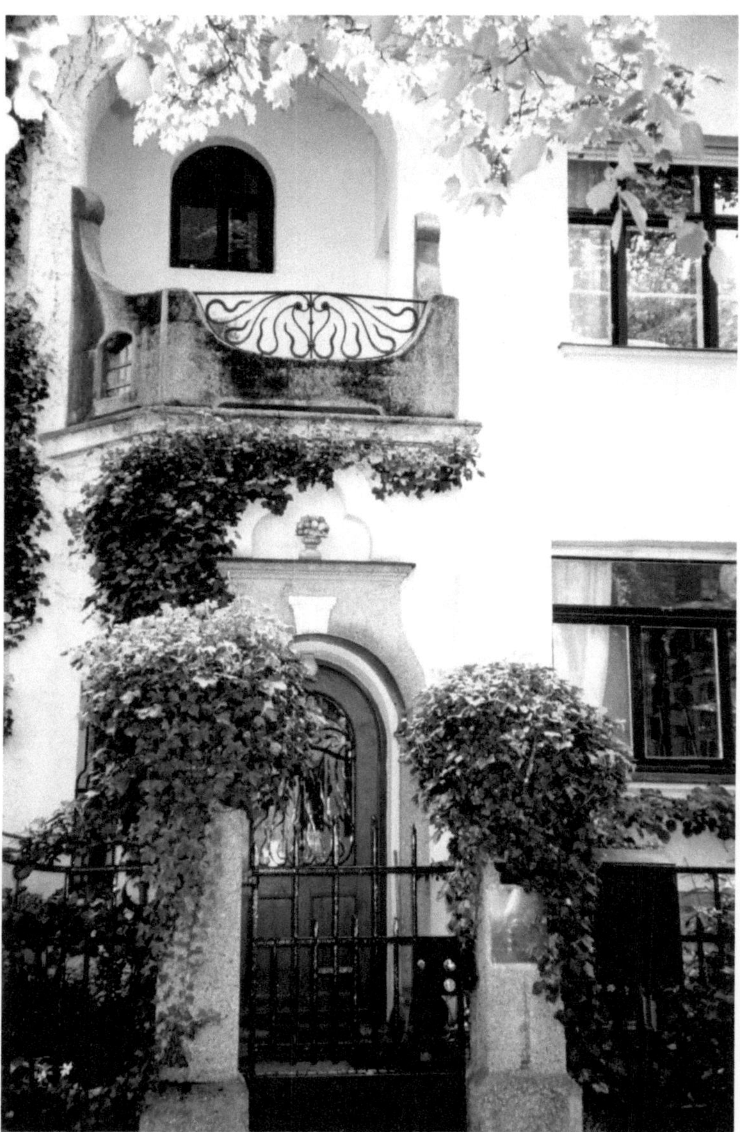

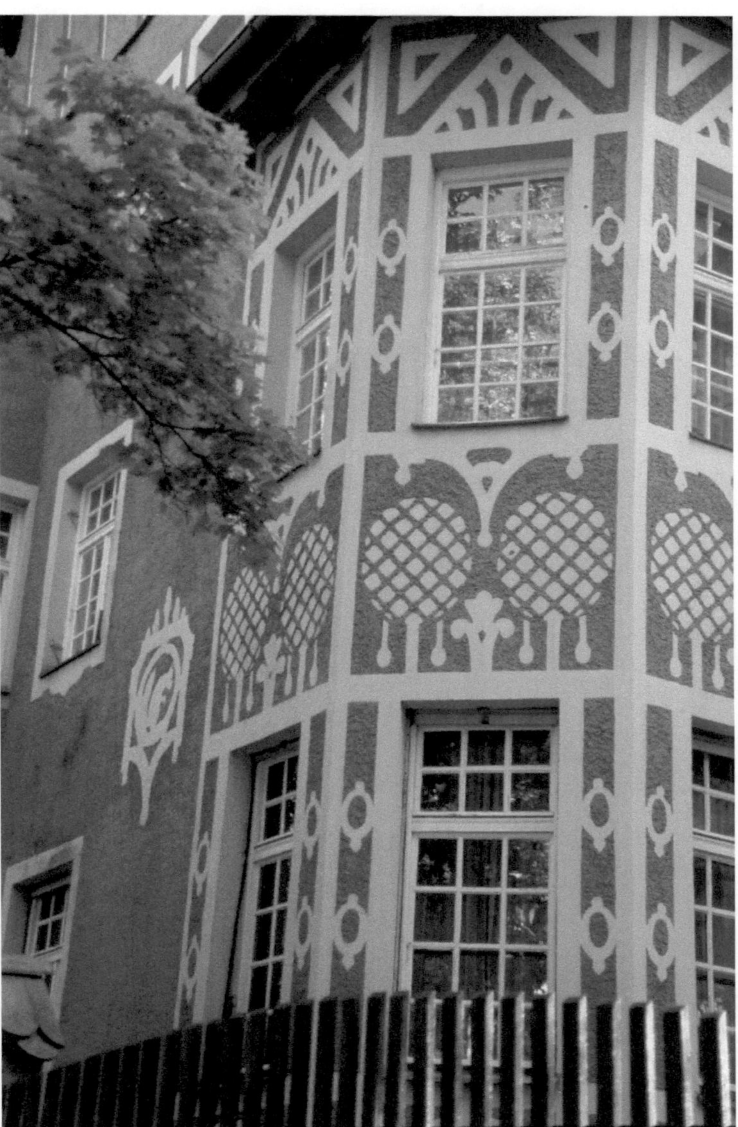

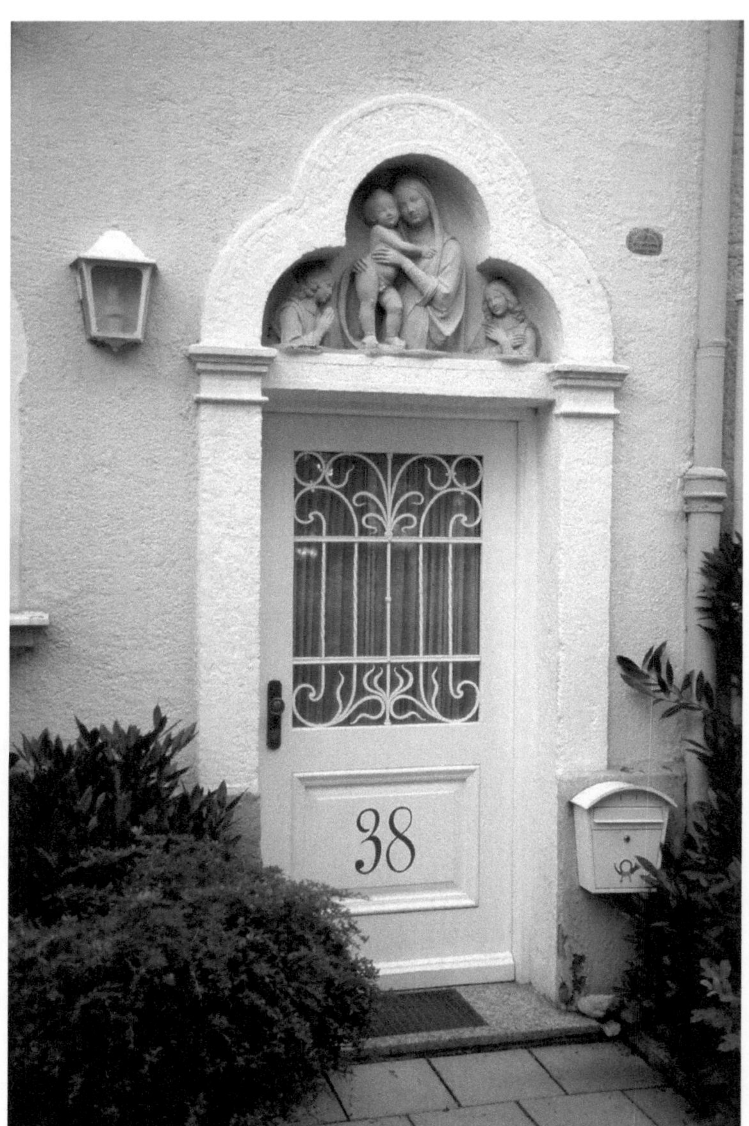
38

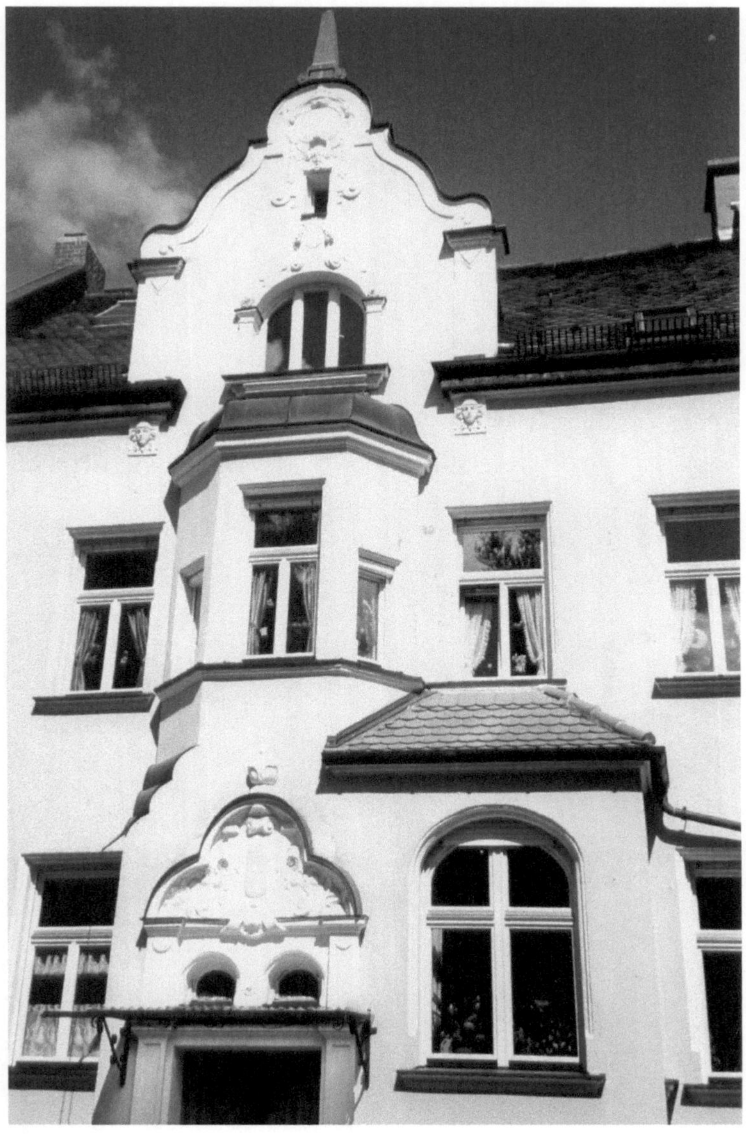

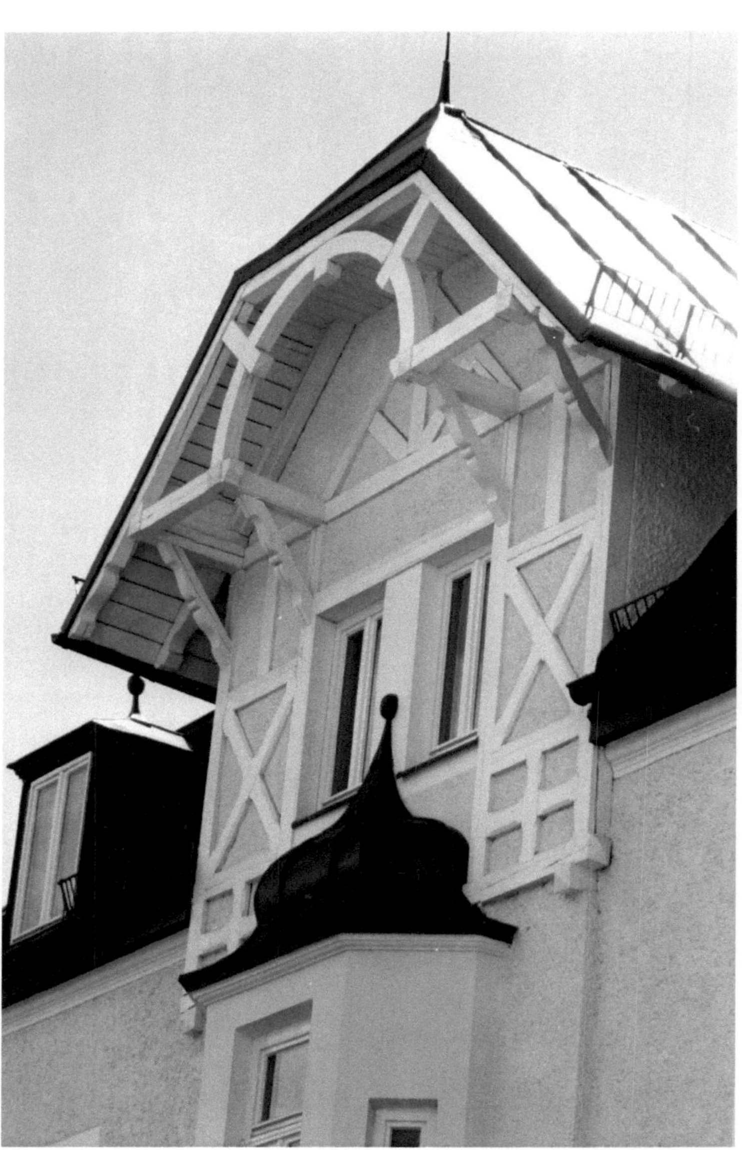

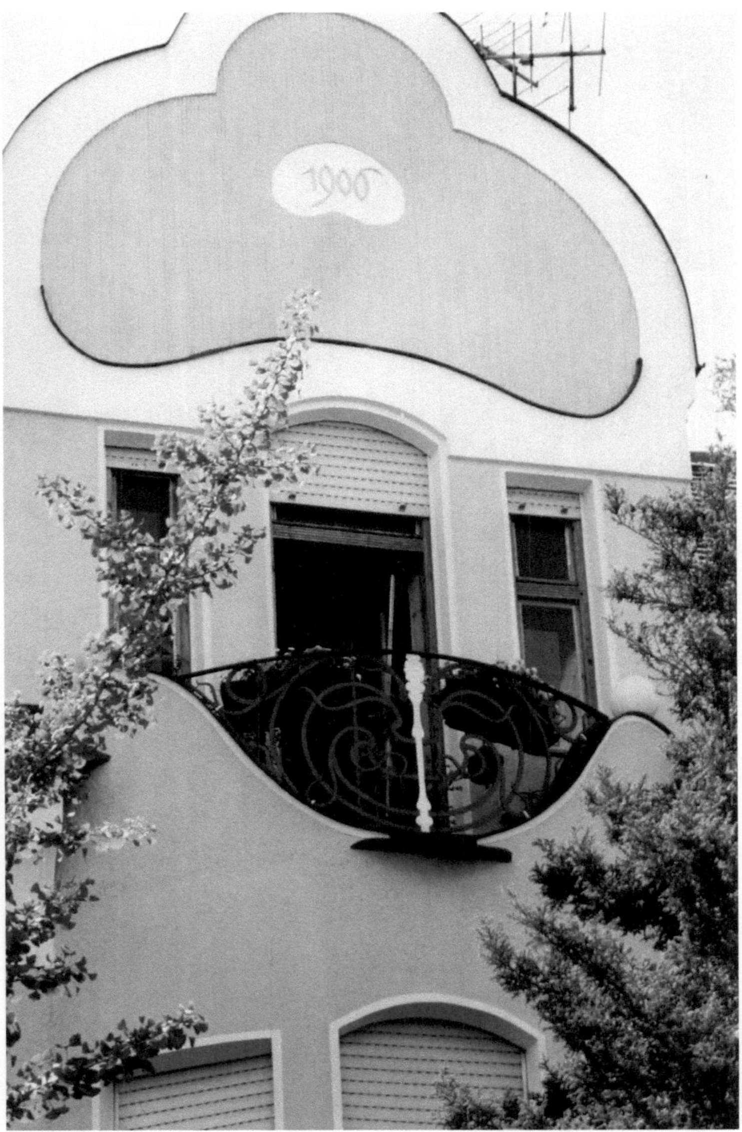
1906

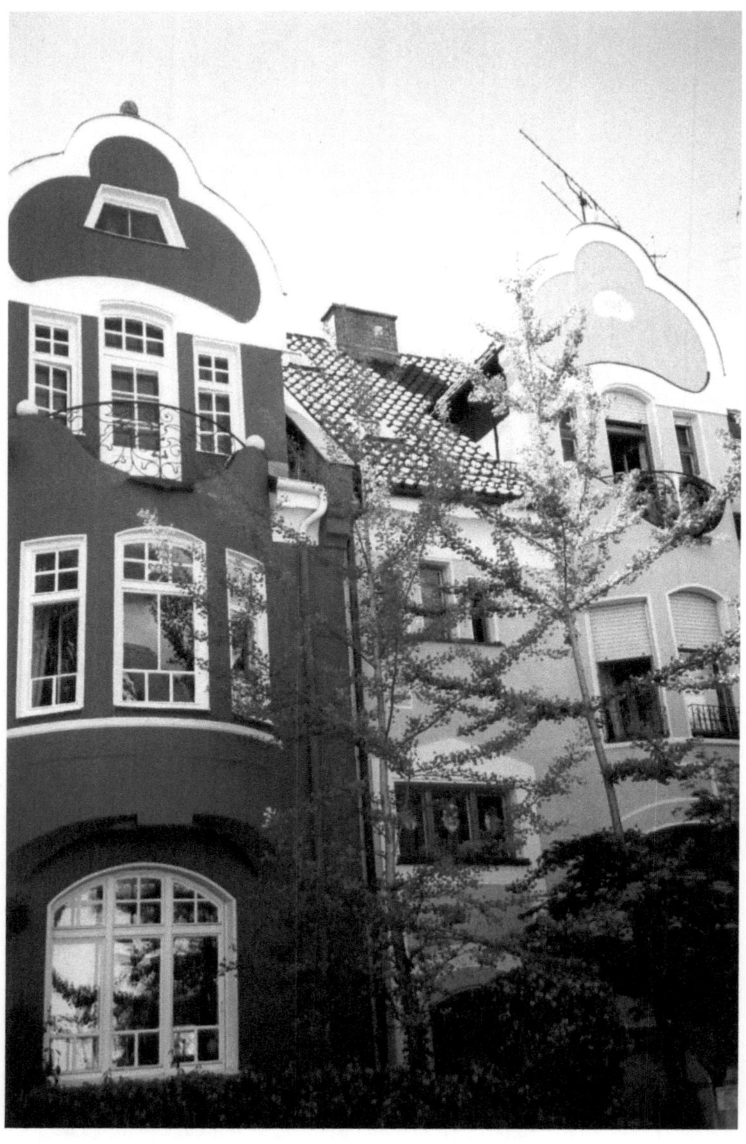

Nach Gattungen ist alles vom Maler, Graphiker, Illustrator, Bildhauer bis zum Ziseleur vertreten. Bei den Malern reichte die Spezialitäten-Palette von Landschaft, Porträt, Historie, Genre, Plakaten, Fresken, Glas, Katzen und Blumen bis zur Marine. Bei diesem Überangebot an Kunst sicherte der Ruf eines absoluten thematischen Spezialisten eine Nische am Kunstmarkt. Eine Reihe bekannter Namen von Malern der »Münchner Schule« oder »Landschaftsintimisten« sind darunter, der bekannteste ist wohl Professor Philipp Röth.

Die ausnehmend enge nachbarschaftliche Koexistenz so vieler Berufskollegen in Gern wird sowohl friedlich bis gesellig, stimulierend und konkurrierend, aber auch heterogen gewesen sein.

Im Sog des Kunststil-Gebrodels um die Wende zum 20. Jahrhundert

In der Kunst und damit in der führenden Kunststadt München blühte es nämlich nicht nur, es brodelte auch, je näher die Jahrhundertwende rückte, desto stärker. Stilpluralismus ist die korrekte Bezeichnung dieses Gebrodels.

Im Sammelbecken München standen in einmaliger Dichte die vielfältigen Strömungen nebeneinander, in Ergänzung oder Gegnerschaft. Tonangebende Künstlerpersönlichkeiten wie Lenbach, die eine ganze Kunstrichtung dominierten, wirkten neben unabhängigen Solisten, kleinere spezifische Kreise wie um Wilhelm Leibl neben umfangreichen Malerschulen, unter denen manche sogar räumlich Schwerpunkte bildeten wie die Dachauer Künstlerkolonie. Da kreuzten sich deutscher spätbiedermeierlicher Realismus, intime Landschafts- und Genremalerei, Naturlyrismus, Freilichtmalerei mit dem von Frankreich ausgehenden Impressionismus und Naturalismus, fochten klassizistischer Historismus, altmeisterliche Traditionen, akademische Konvention mit reformerischem Jugendstil, Expressionismus und anderen Ausdrucksformen auf dem Weg der modernen Kunst.

Die Gegensätze so vieler oppositioneller Strömungen prallten so heftig aufeinander, daß sich vom gesellschaftlich anerkannten, hauptsächlich in der »Münchner Künstlergenossenschaft« organisierten allgemeinen Kunstbetrieb, immer wieder Gruppen abspalteten: »Secessionisten« aus den verschiedensten Motiven, nur zum Teil mit wesentlich eigenem künstlerischen Dogma und unterschiedlich progressiv. 1892 war unter der Führung und Präsidentschaft Stucks die erste dieser »Secessionen« erfolgt, noch mehr aus – auch den Absatz fördernden – Elitebildungsgründen heraus, als aus stark abweichendem Programm. Weitere Wellen folgten, durchaus mit neuen Stilrichtungen. Wie gesagt, selbst räumlich »secessionierte« und gruppierte man sich, europaweit und schon seit der Mitte des 19. Jahrhunderts beginnend, in Künstlerorten, die als Wohnsitz bevorzugt wurden beziehungsweise in Künstlerkolonien, die auch eine engere gemeinsame Kunstauffassung zu einer Malschule einte.

In Bayern war Dachau die bekannteste Künstlerkolonie, die zu dieser Zeit ihren Höhepunkt in der sogenannten »Münchner Landschaftsmalerei« mit den »Neu-Dachauer« Malern wie Adolf Hölzel, Ludwig Dill oder Arthur Langhammer zu erreichen begann. Mit der Gruppe »Blauer Reiter« in Murnau und ihrem befreundeten Künstlerkreis, mit Wassily Kandinski, Gabriele Münter, Alexej von Jawlensky, Franz Marc und anderen, war schließlich 1912 der Zeitbruch vollzogen, die totale Abstraktion revolutionierte die Kunst einer neuen Epoche.

Wer bevorzugte die neuerbaute Villenkolonie Gern?

Welcher Künstler ursprünglich 1893 vor unserer Familie in das Ateliereckhaus an der Kratzerstraße einzog, ist mir nicht bekannt. Das benachbarte Haus meines Onkels besaß zuvor der 1919 früh verstorbene Maler Ferdinand Otto Schulze, von dem eine Reihe Aquarelle mit Motiven aus dem Nymphenburger Schloßpark, deutsche und italienische Landschafts- und Städteansichten in unserem Haus ebenso hingen wie Zeichnungen Philipp Röths und Radierungen von Peter von Halm des Nymphenburger- und Würmkanals oder Tierbilder Hugo Oehmes.

Schulze und dann mein Onkel wohnten in der Tizianstraße 91, Professor Röth circa 8 Häuser weiter Ecke Tizian-/Böcklinstraße, Professor Halm in der Malsenstraße 66/68, Oehme in der Waisenhausstraße, jeweils nur wenige Gehminuten voneinander entfernt. Das ist nur ein typisches Beispiel. Meine Gerner Vorfahren hatten es zum Kauf von Kunstwerken bei dieser Nachbarschaft sozusagen näher als in ein Fischgeschäft. Das zum Beispiel gab es erst in Neuhausen. Kunst war in Gern besonders »naheliegend«, fruchtbar für beide Seiten, Künstler wie Kunden. Auch ein Aspekt, immerhin.

Die Tizianstraße war als die Hauptachse der Siedlung gedacht, herausgehoben durch vornehme Breite und eine prächtige Allee. Sie bildet mit der Böcklinstraße ein Achsenkreuz und einen geräumigen Platz, der allerdings ohne den ursprünglich vorgesehenen Brunnen blieb. Mit wenigen Schritten ist man dort, leider ohne mehr die schöne Fachwerk-Atelierreihe zwischen Kratzer und Böcklin Straße bewundern zu können, von der nur Reste blieben.

An dieser Kreuzung, Ecke Tizian-/Böcklinstraße 29, hat Professor Philipp Röth (1841–1921) als einer der ersten künstlerischen Neukolonisten Gerns von 1894 bis zu seinem Tod gewohnt. Der Krieg hat sein Eckhaus und zwei weitere Häuser aus seiner »Viererreihe« zerstört, aber auf Archivphotos entdeckte ich, daß sein Haus im wesentlichen dem unserem entsprach. Beide Vierspänner waren nach Heilmanns rationeller Bauweise bis auf wenige Variationen identisch.

So hat man mit dem Elternhaus Ecke Kratzerstraße quasi den Röthschen Hauszwilling mitbesichtigt.

Die Röth-Linde: »Intime Landschaften« und mehr. »Dachauer Malschule« und Gerner Kollegen

Philipp Röth stammte aus Darmstadt. Dort und in Karlsruhe und Düsseldorf hatte er studiert, zeitweise zusammen mit seinem Jugendfreund Hans Thoma.

Als Landschaftsmaler war Röth seit seinem dreijährigen Pari-

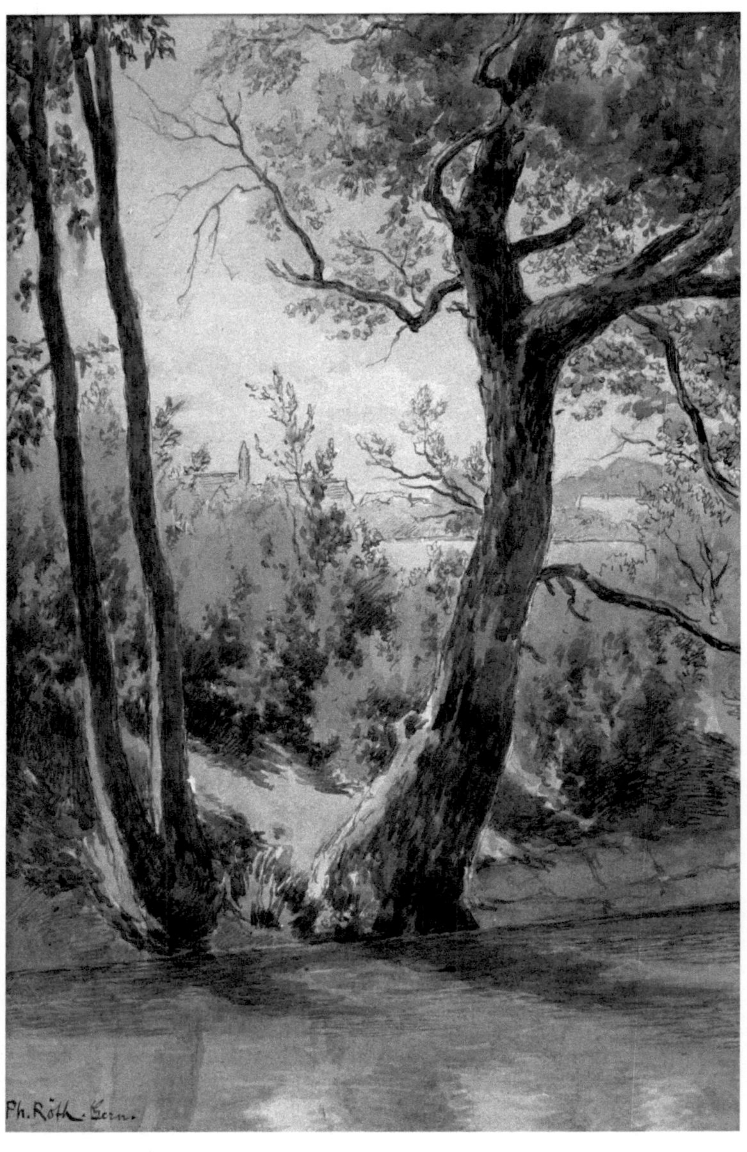

Maler der »Münchner (Landschafts)Schule« in Gern: Zeichnung von Philipp Röth »Gern«, vermutlich am Würmkanal.

saufenthalt von 1867 bis 1871 ein Vertreter der Richtung Freilichtmalerei, wie sie von der »Malerkolonie von Barbizon«, einem idyllischen Dörfchen bei Paris, seit 1850 ausging. Das hatte übrigens schon Spitzweg 1851 besucht und Anregungen mitgenommen. Im Gegensatz zur »Akademiemalerei« in dunklen Großstadtateliers bei künstlicher Beleuchtung sollte draußen in Licht und Luft die Wirklichkeit der Natur »live« gesehen, gefühlt und unmittelbar ausgedrückt werden.

1871 zog Röth nach München, zunächst ins städtische Künstler-Eldorado Schwabing, später aber westwärts ins stadtrandliche, grüne Gern. Das war kein Zufall und typisch für die Vita einer Reihe von Gerner Malern. Auch Röth stand nämlich aufgrund seiner Malrichtung längst in enger Verbindung mit der noch etwas weiter nordwestlich von München gelegenen Künstlerkolonie im ländlichen Dachau.

Dachau galt für diese Maler als das deutsche Gegenstück zum französischen Barbizon oder z. B. dem norddeutschen Worpswede. Das alte Städtchen, inmitten einer ausdrucksstarken Moorlandschaft gelegen, wo über den weiten, kargen, aber nuancenreichen Flächen stimmungsvoll Licht und Wolkenschattierungen wechselten, hatte viele der Freilichtmaler angezogen, die (meist kleinformatige) sogenannte intime Stimmungslandschaften darstellten. Seit Anfang des 19. Jahrhunderts Johann Georg von Dillis, später Adolf Lier, Joseph Wenglein u. a. das Malerische der Gegend entdeckten, war mit der Ansiedlung Adolf Hölzels 1888 rasch die eigentliche, programmatische »Neu-Dachauer Künstlerkolonie« entstanden. Auch Röths Schwiegervater und vormaliger Akademieprofessor in Darmstadt, Paul Weber, lebte und arbeitete hier.

Die enge Verbindung von Dachau und Gern war gegeben und gesucht. Von Gern aus, so heißt es in den Röth rühmenden zeitgenössischen Zeitungsartikeln der Münchner Neuesten Nachrichten und den Nachrufen auf ihn 1921, malte und zeichnete er als »einer der besten Landschafter der vorimpressionistischen Zeit« und »Mitschöpfer jenes Stils, den man ›intime Landschaft‹ oder ›Stimmungslandschaft‹ nennt … parallel zu Lier und seiner Schule die benachbarte Umgebung«: in Dachau, Schleißheim, im Ampertal, in Fürstenfeldbruck, am Ammersee und in Bernried[18]. Einige von Röth dort vor Ort gemalten Landschaften und Ansichten, Ölbilder, Aquarelle, Feder- und Pinselzeichnungen, hängen daher außer in der Münchner Pinakothek auch in der Dachauer Gemäldegalerie.

Daß Philipp Röth ebenso im Gerner und Nymphenburger Umfeld seines Atelierhauses zahllose malerische Motive fand, drückt wohl am besten aus, welche Atmosphäre und ungestörten Idyllen damals dieses Viertel für Künstler bot und wieviel besonderes historisches Flair sich damit auch glücklich verband.

Die prächtige alte »Röthlinde« an der Nederlinger Straße, Nähe Baldurstraße / Westfriedhof, eines seiner Lieblings- Freiluft-Modelle, haben Freunde ein Jahr nach seinem Tod ihm mit einer Inschrifttafel geweiht. Heute ist diese Linde, an der allerdings inzwischen sehr prosaisch der Zufahrtsverkehr zum Mittleren Ring vorüberbraust, amtlich zu einem ehrwürdigen Natur- und zugleich Röth-Denkmal erhoben. Eine doppelt sinnige Verbindung.

Die »Röthlinde«, eine eigene Besichtigung wert, liegt hier ab vom Wege. Den kann man, um von der Künstlerhochburg Gern in Auswahl noch etwas mehr zu erfahren, beziehungsweise zu »ergehen«, durch die Böcklinstraße in Südrichtung hinauf fortsetzen.

Gleich daneben in der noch erhaltenen Doppelhausvilla Nummer 25 wohnte seit 1892 schon der nächste Kollege, Julius Adam der Jüngere (1852–1915). Adam, aus einer Münchner Malerdynastie stammend, hatte sich motivisch stark spezialisiert und war als »Katzenraffael« sehr bekannt und begehrt. Ein hervorragender Gerner Vertreter der genremalenden »Nischen-Spezialisten« am vollbesetzten Kunstmarkt München, zu denen ähnlich auch der schon erwähnte Hugo Oehme (1879–1929) zählte.

Es lohnt natürlich auch noch weiter die Böcklinstraße entlang bis in die Malsenstraße zu gehen, allerdings sind von den vielen ehemaligen Atelierhäusern dort nur wenige ursprünglich erhalten. Im Atelier-Reihenhaus Malsenstraße 55 wohnte Professor Ernst Liebermann (1869–1960).

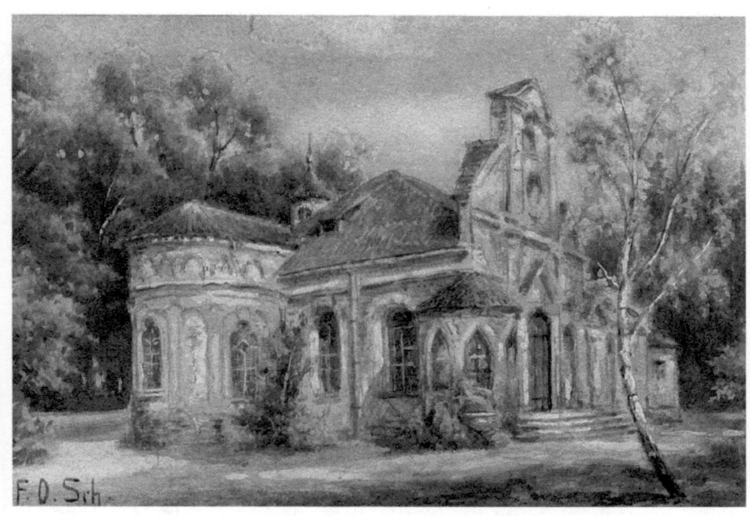

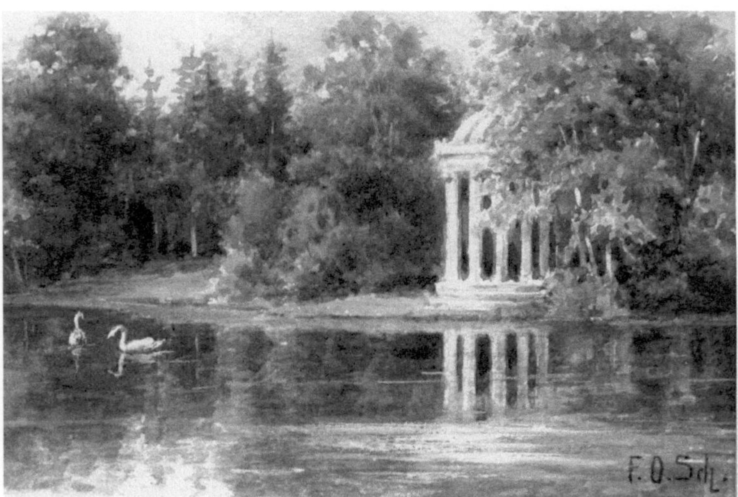

Aquarelle von Ferdinand Otto Schulze: Die Magdalenenklause und der Tempel am Badenburgsee im Nymphenburger Schloßpark.

Wie Röth war Liebermann, allerdings erst rund 20 Jahre später, um 1890, ebenfalls in Paris gewesen und entsprechend entschiedener impressionistisch geprägt als der ältere Röth. War Röth Mitglied der »Münchner Künstlergenossenschaft« geblieben ohne sich ausdrücklich der 1892 abgespaltenen Neu-Dachauer Künstlerkolonie anzuschließen, so gehörte Liebermann der 1894 erneut »secessionierenden « sogenannten »Luitpoldgruppe« an. Das bedeutete allerdings, zumindest aus heutiger Sicht, eher Nuancen als einschneidende Progressivität.

Ernst Liebermann – nicht verwandt mit dem Berliner Impressionisten Max Liebermann – unterrichtete ab 1912 auf Vermittlung des Prinzregenten als Professor an der Münchner Kunstakademie eine Landschafts- und Porträtklasse. Lockte Maler wie Röth an Gern vor allem die größere Nähe zur Natur, zum motivgebenden Umland im Münchner Westen und zur Dachauer Malschule, so bot es Professoren wie Liebermann eher wegen seiner relativen Nähe und guten Anbindung an den akademischen Kunst- und Ausstellungsbetrieb im Zentrum Münchens einen attraktiven Kompromiß. Liebermann vertritt damit den Stand der das gediegene Gern als Wohnsitz schätzenden, akademischen Lehrer, deren Anteil im Künstlerviertel nicht gering war. Ebenso zum Beispiel Professor Peter von Halm, der auch in der Malsenstraße, Hausnummer 66–68, gewohnt hat.

Peter Halm (1854–1923), in Mainz geboren, in München an der Akademie von den Radierern Raab und Löfftz ausgebildet, Mitglied der ersten Secession, lehrte seit 1901 selbst als Professor. Mein Onkel aus der Tizianstraße war einer seiner Studenten. Halm gilt, wie die Münchner Neuesten Nachrichten damals in Besprechungen seiner Ausstellungen formulierten, »als einer der bedeutendsten Graphiker Deutschlands, zugleich ein Meister von internationalem Ruf«, mit dessen Namen »die Erneuerung der deutschen Radierkunst« verbunden bleibe[19]. Viele seiner Reproduktionen oder Originalradierungen, Architekturstücke deutscher und italienischer Städte, »intime« Landschaften im Übergang zum Impressionismus, vor allem vom Bodensee, oder Porträtradierungen sind in der Graphischen

Sammlung in München zu finden, deren Kommission Halm jahrzehntelang angehörte. Der Prinzregent ehrte auch ihn, den ebenso bescheidenen wie hochgeschätzten Künstler, mit einem »von«. Nur zum Beispiel.

Zuletzt liegt nach der Rückkehr zur Tizianstraße in der Böcklinstraße 38, schräg gegenüber dem Eckhaus Röths, noch Besonderes am Weiterweg: das Haus einer Malerin, Betty Heldrich (1869–1931). Nach Abschluß der züchtigen »Münchener Damenakademie« als Zeichenlehrerin staatlich diplomiert, emanzipierte sie sich besonders als Porträtistin von einigem Ruf. Studium wie Professur an der Kunstakademie war noch eisern verteidigte Männer domäne. Das in ihrem Auftrag 1905 von Rudolf Hofmann gestaltete Reihenhaus besticht durch besterhaltenen und -renovierten Jugendstil.

Das hosenlose »Brunnenbuberl« – ein ›Bildhauerskandal‹ oder: Die vernetzten Künstlerkolonien Dachau – Holzhausen am Ammersee – Gern

Der weitere Weg die Tizianstraße ein Stück auf der linken Seite hinauf Richtung Waisenhaus- bis fast zur Magdalenenstraße gibt Anlaß für ein kleines Kapitel über Bildhauer in Gern.

Denn hier, Tizianstraße 16 und schräg gegenüber Nummer 55, hatten sich schon 1897 zwei Bildhauer, Rudolf Maison und Ludwig Weise, geräumige ebenerdige Werkstätten und ihre Eigenheime in der jungen »Colonie« errichten lassen. Rudolf Maison (1854–1907) war von Schwabing hierher umgezogen und vor allem durch seine Pferdeplastiken bekannt, für die er lebende »Modelle« in sein Atelier holte. Beide Bildhauervillen sind komplett umgebaut und kaum in ihrer früheren Funktion zu erkennen.

Und noch ein drittes Gerner Domizil eines Bildhauers, ebenfalls eines Ex-Schwabingers, war früher ganz in der Nähe, Ecke Waisenhaus-/Klugstraße, am nördlichen U-Bahnausgang. Aber alles ist abgerissen, das weitläufige Grundstück den beiden historischen Eckhäusern rechts gegenüber mit neuen Ladenzeilen überbaut, so daß ein Abstecher und Augenschein wenig lohnen. Das Künstlerehepaar Mathias Gasteiger (1871–1934) und Anna Sophie Gasteiger (1877–1954) hat dort gewirkt und sie repräsentieren neben ihrer individuellen eine recht typische und wichtige »Gerner Künstlervita«20.

Anna Sophie Meyer, Architektentochter, ist aus ihrer Geburtsstadt Lübeck in die Kunststadt München »zuagroast«, um sich in angewandter Kunst, später in Malerei auszubilden. Er, ausnahmsweise gebürtiger Münchner, Sohn eines Steinmetzens, lernte zuerst in Wien, studierte an der Münchner Kunstakademie Bildhauerei und nahm sein erstes Atelier natürlich in Schwabing, in der Wilhelmstraße. Rasch schon mit ersten Werken bekannt geworden und vom Establishment und Kunstkritikern akzeptiert, »sezessionierte« Mathias Gasteiger 1896 nach Dachau. Dort gründete er zusammen mit seinem Freund, dem Maler Julius Exter, eine Maler- und Bildhauerschule im stilvoll renovierten Schloß Deutenhofen als eine Art Sommerakademie, denn Schwabing blieb das Hauptquartier und Münchner »Standbein« Gasteigers. Damit gehörten Gasteiger und Exter zu den Mitbegründern der »Neu-Dachauer« Künstlerkolonie um Hölzel, Dill und Langhammer, mit denen sie in regem Kontakt standen. Anna war eine der ersten Studentinnen, sie übte sich bei Exter in Freilichtlandschafts- und Blumenmalerei und verheiratete sich 1898 mit Mathias Gasteiger.

Bekannt geworden war der junge Bildhauer Gasteiger bereits unmittelbar nach seinem Studienabschluß und zwar, wie es so geht, nicht zuletzt durch einen handfesten Skandal.

1892 war seine Brunnengruppe »Satyrherme und Knabe« bei der 6. Internationalen Kunstausstellung im Münchner Glaspalast mit einer Goldmedaille ausgezeichnet worden. Schon das verschmitzte Sujet hatte es in sich: Der Knabe (aus Bronze) hält den Daumen auf ein Brunnenrohr, damit Wasser nach allen Seiten spritzt, der Satyr (aus Marmor) rächt dies und spuckt einen dicken Strahl auf den Kopf des frechen Lausers herab.

Silen als Erzieher des Dionysosknaben, für Gasteiger ein immerwährender pädagogischer (Wasser)Kreislauf der Natur. Zeitloser, charmanter und »wasserspielerischer« geht es kaum. Kein Wunder, daß Gasteigers Brunnen am Karlstor zu Beginn der Neuhauserstraße noch heute zu den beliebtesten Münchens zählt.

Eine Reihe von Exemplaren des international so hoch prämierten Brunnenmodells ging damals auf Bestellung nach Berlin, Wiesbaden, Triest und bis in die USA nach Chicago, Detroit und Montreal. 1894 schenkte Gasteiger generöserweise seiner Heimatstadt diesen Brunnen, ein wahres Danaergeschenk, das die Kunstmetropole aus Sittlichkeitsgründen in ein Dilemma stürzte.

Nach der verlegen-stillen Enthüllung der Gruppe in den Grünanlagen des Stachus 1895 wurde der Kunstakt auch sofort zur lauten öffentlichen »Affaire«, die Presse und Bürger heftig erregte. Gasteiger ging über den späthistoristischen und üblichen naturalistischen Stil hinaus, faßte die Szene psychologisierend und ironisch auf, die graziöse Nacktheit des Knaben wirkte nicht allegorisch, sondern direkt – und war damit skandalös. Eine kleine Kunstrevolution, an der sich die Münchner Geister schieden. Konservative Prüderie und Stiltraditionen standen gegen die mit vielen Konventionen brechenden Reformströmungen der beginnenden Jahrhundert»wende« und den neuen Jugendstil.

»... Das Brünnerl is fein. / Aber's Buberl hat kein Gwanderl / Und das darf nicht sein ...«, reimte der eine Teil der Leser und über dreihundert Bubenhoserl wurden in Gasteigers Atelier geschickt.

Dort hatte schon der Polizeipräsident persönlich vorgesprochen und Karikaturen und Spottgedichte konterten: »Des braven Mannes Auge späht / In alle Winkel, alle Ecken / Er weiß die kleinste Nudität / Mit scharfem Blicke zu entdecken«.

Die reine Kunst siegte, Feigenblatt oder Hose unterblieben, und die Reklamewirkung war großartig. Der saloppe Spitzname bürgerte sich für das Kunstwerk bleibend ein. Eine Reihe monumentaler Plastiken wie den Dianabrunnnen am Kufsteiner Platz und das Reiterstandbild an der Rennbahn in Riem hat der Bildhauer noch

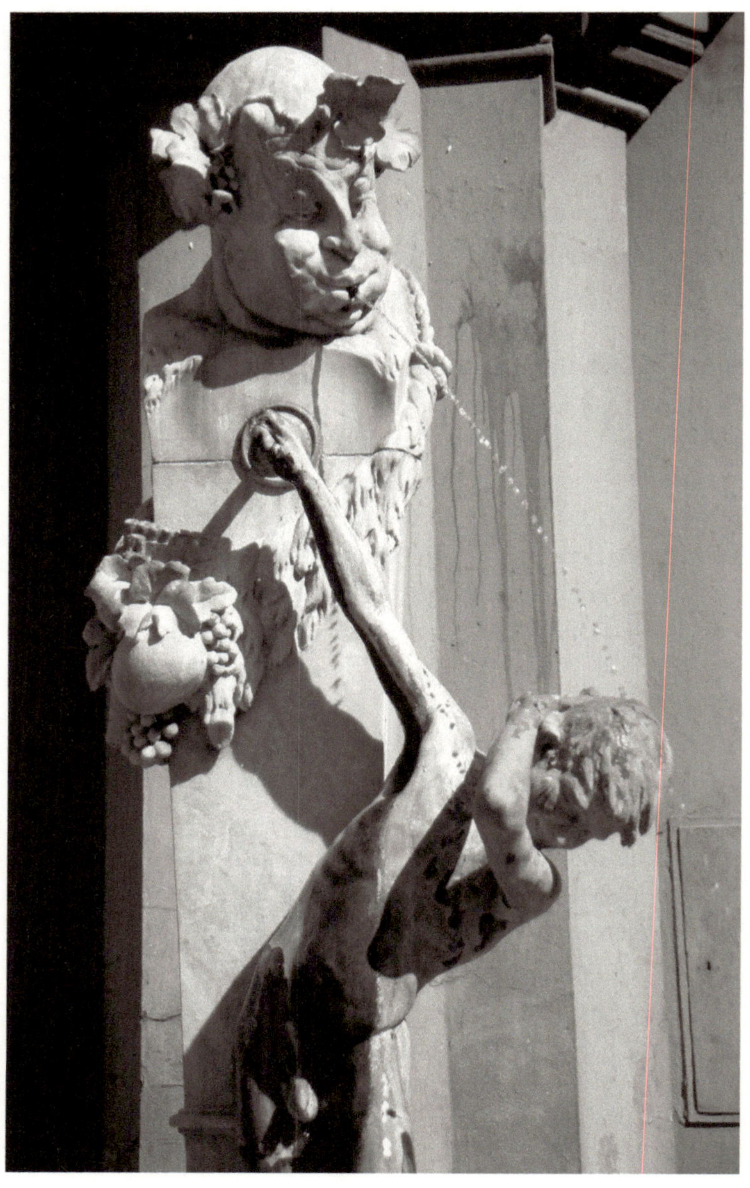

Das hosenlose Brunnenbuberl: »Satyrherme und Knabe«, Skulptur von Mathias Gasteiger in der Neuhauser Straße vor dem Karlstor.

für München gefertigt, aber das hosenlose »Brunnenbuberl« blieb die volkstümlichste.

Ab 1902 wechselte das junge Ehepaar Gasteiger die Wohnsitze. Die Akademie auf Schloß Deutenhofen wurde geschlossen, der zu üppige Sommersitz verkauft, Julius Exter zog Richtung Chiemsee und das Paar erwarb ein großes Ufergrundstück am Ammersee bei Holzhausen nahe Utting. Ein künstlerisches Pionierwerk begann in der schlichten ländlichen Idylle. Das Grundstück wurde zum englischen Landschaftspark ausgestaltet, das 1908 erbaute »Sommerlandhäuschen« wohl selbst entworfen, anspruchsvoll nach den modernsten Prinzipien des 1907 begründeten Deutschen Werkbunds eingerichtet und die seit 1900 propagierte Neugestaltung auch der alltäglichen Dinge durch die Kunst exemplarisch umgesetzt.

Er entwarf die Brunnen, auch Wandbrunnen für das Hausinnere, die Skulpturen für drinnen und draußen. Anna, die erfolgreiche Künstlerin in vielen Formen des Kunstgewerbes, in Stoff-, Tapeten- oder Fliesenentwürfen, ergänzte. Die malerische Hügellandschaft, der See, der umgebende Garten lieferten die Motive für Landschaftsbilder und Blumenstilleben, die in ihrem Atelier entstanden. Mit der Einrichtung eines sogenannten Badesalons – die Marmorwanne war im Boden eingelassen – stand das fortschrittliche Paar mit an der Spitze der lebensreformerischen Tendenzen. Wie die Badenburg im Nymphenburger Park exklusiv-feudale, so hatte der Badesalon allerdings nun funktional- bürgerliche Dimensionen. Heilmanns Modellhäuser für die Gerner »Colonisten« zehn Jahre zuvor waren aber auch davon noch weit entfernt gewesen.

Das Gesamtkunstwerk einer Künstlervilla dieser Epoche entstand, das mit Glück überdauerte und als Glanzpunkt eines Sonntagausflugs zum Ammersee bewundert werden kann.

Mit dem Gasteigerpaar entwickelte sich bei Holzhausen ein neues künstlerisches und gesellschaftliches Zentrum. Sowohl Mitglieder der 1899 in München gegründeten Künstlervereinigung »Scholle«, Freilichtmaler ähnlich der Dachauer Schule, wie Mitarbeiter der Kunst- bzw. Satirezeitschrift »Jugend« und »Simplicissimus« waren häufige Gäste oder ließen sich hier nieder. Im übernächsten Kapitel wird davon nochmals die Rede sein. Die Gasteigers waren Pioniere und Mittelpunkt der »Künstlerkolonie Holzhausen«, die vor allem im Sommer boomte.

In der winterlichen Jahreshälfte verblieben sie nach wie vor in München, zogen aber von Schwabing nach Gern. Gasteiger war nun arriviert, sein bildnerisches Werk vielseitig und er stand voll in der Um- und Aufbruchsstimmung seiner Zeit. Wie Heilmann im stadtplanerischen Bereich war auch er ein energischer Neuerer, nicht zuletzt in der Reformierung der Friedhofsanlagen und Grabmäler. Er war der erste Bildhauer in Bayern, der sich nachdrücklich für die »Hebung der Friedhofskunst« einsetzte und seit etwa 1900 klassizistisch- und jugendstilgeprägte Formen einführte.

1906 gründete er in der Dantestraße unmittelbar vor dem Eingang zum Westfriedhof eine »Permanente Ausstellung moderner Grabmaeler erster Künstler«. Ausgewählte Modelle wurden u. a. 1907 im Glaspalast gezeigt.

Ab 1919 läßt Mathias Gasteiger außerdem auf dem großen Eckgrundstück Waisenhaus-/Klugstraße Ateliers für sich und seine Frau, Modellierwerkstätten, Ausstellungsräume und einen Schaugarten für seine Brunnen und andere Outdoor-Modelle einrichten. Die eigentliche (Winter)Wohnung blieb zunächst in der Linprunstraße in Neuhausen.

Auch in Gern hat das Künstlerpaar die Gebäude weitgehend selbst entworfen und hochrangig gestylt nach so noblen Vorbildern wie der Wiener Jugendstil-Künstervilla von Josef Hoffmann oder das Haus des Architekten Max Littmannn in Bogenhausen. Hier arbeitete und lebte Gasteiger bis zu seinem Tod 1934, seine Frau bis 1954.

Der Schaugarten an der Waisenhausstraße diente zur Verkaufsausstellung für Gasteigers Gartenplastiken, war mit Kieswegen, Bänken, Büschen und Rabatten angelegt. Auch die Gartenkunst wünschte Gasteiger zu »heben«, für seine Bildwerke wurde er auf der Süddeutschen Gartenbauausstellung von 1925 geehrt.

Neben bukolischen oder witzigen Tier- oder Menschengruppen,

Rehböcken, Bibern, Bacchanten und steinernen Schneckenbrücken-Geländern ist auch das Modell des nackerten »Brunnenbuberls«, wie Gasteiger die Skulpturen seit dem Skandal selbst nannte, gestanden. Inmitten von Schilf- und Blätterdunkel, wie es eigentlich zu dieser Satyrszene gehört.

1985 wurde alles verkauft und weder von der Kunst noch von der Natur rund um dieses Gerner Künstlerdomizil des Gasteigerpaares blieb im Unterschied zu Holzhausen etwas vor Ort erhalten.

Der Prinzregent als nachbarschaftlicher Kunstmäzen

Daß in einem solch etablierten Künstlerviertel bei soviel Werkauswahl ein begeisterter Sammler zeitgenössischer Kunst und Förderer von Talenten wie Prinzregent Luitpold in Gern nicht nur im Restgrün auf Fasanenjagd ging und in der Rothschen Anstalt im Würm-»Canaletto« badete, sondern auch viele Kunststreifzüge unternahm, lag im wahrsten Wortsinn wieder recht nahe. Man kann auch sagen, es lag an seinem »Dienstweg« zwischen Schloß Nymphenburg und der Residenz.

Nach anfänglichen Vorbehalten der Bevölkerung gegen Luitpold, an Stelle des verklärten »Märchenkönigs« Ludwig II. der scheinbar unscheinbare Regent Bayerns zu sein, hat er sich gerade als rühriger Kunstmäzen im »leuchtenden« München schließlich die Zuneigung seiner Untertanen erworben. Nicht umsonst haben ihm die Münchner Künstler seiner Zeit dankbar den Ehrentitel »Luitpoldus, artium protector« verliehen.

Das Mäzenatentum des Prinzregenten, von dem es allerdings heißt, daß er mehr Kunstliebhaber als -kenner gewesen sei, findet deshalb in der schon zitierten Erzählung »Gladius Dei« realitätsgetreu wiederholt die angemessene Erwähnung.

Über den Schwabinger Maler des eklaterregenden Aktbildes – angespielt wird auf Stuck und sein berühmtes Porträt »Die Sünde« – wünscht ein fanatisch religiöser Kunstbanause das Schwert Gottes herabzusausen. Dagegen läßt Thomas Mann die Münchner Kunstszene kenntnisreich urteilen: »Er wird Karriere machen, das ist sicher. Er war schon zweimal beim Prinzregenten zur Tafel«. Und vor der Akademie der bildenden Künste am Siegestor, so schildert der Erzähler die typische Situation, hält wie so oft eine Hofkarosse.

Prinzregent Luitpold hat nicht nur Stuck und Lenbach und viele Schwabinger Ateliers, sondern oft auch die Gerner Ateliers zum Schauen und Kaufen besucht.

Zum Beispiel hat er den Bildhauer Gasteiger nicht nur bei dessen Blitzkarrierestart mit Skandalbegleitung im Schwabinger Atelier in der Wilhelmstraße aufgesucht, um persönlich anläßlich der »Hoserl-Affaire« bei dem bewunderten Revoluzzer doch auch Moral innerhalb aller künstlerischen Gewagtheit anzumahnen. Der Prinzregent hat sicher auch später in Gasteigers Werkstatt in Gern noch manche der weiteren Entwürfe für Münchner Plätze »vorbesichtigt«.

Und immer rauchte er bei diesen Atelieraudienzen seine geliebten dicken Zigarren, die er leutselig auch an die Anwesenden verschenkte. In unserer Familie berichtete man als ein Highlight der Gerner Lokalchronik, wie einmal aus einem der Atelierfenster so dicke Rauchschwaden qualmten, daß Passanten schon die Feuerwehr alarmieren wollten. Die Ordonnanz des Prinzregenten konnte sie gerade noch über die wahren »Brandherde« informieren.

Ganz zuletzt gehören sogar die Straßennamen noch zum Kapitel Malerei, denn da gibt es eine Zweiteilung, die typisch für die Geschichte Gerns ist.

Heilmann benannte, die schon historische Gerner Straße ausgenommen, seine jeweils fertig bebauten Straßen im Zuge des Siedlungsbaus sehr pragmatisch und psychologisch geschäftsfördernd nach den zuständigen einflußreichen amtlichen Honorationen der Gemeinde, der Stadt München oder des Hofes. Daher die Namen (Franz Paul) Kratzer (letzter Bürgermeister von Nymphenburg / Gern), Düll, Malsen, (Ritter von) Klug usw. Und zur Ehre der Majestäten wenigstens eine Prinz-Rupprecht-Straße, später Böcklinstraße, da die Prinzregentenstraße schon vergeben war.

Ab der Eingemeindung Gerns 1899 dagegen hat die nun berechtigte Stadt München mit Malernamen konsequent das Künstlerviertel betont. Auch das wirft ein Schlaglicht auf die einmalige Entwicklung der jungen »Colonie« Gern und auf die zeitgenössische Einschätzung kaum zehn Jahre nach ihrer Gründung. Zur Namensgebung gewählt wurden im übrigen im Stil der Zeit vor allem italienische »Klassiker« wie Tizian, Tiepolo, Tintoretto oder Canaletto.

Von der Tizianstraße aus sollte man nun links in die Magdalenenstraße einbiegen, wenn man nach Tizian- und Kratzerstraße noch einen dritten von Heilmann so geplanten Straßentyp der »Colonie« Gern erleben will.

Er ist der schlichteste. Die Reihenhäuser sind sehr schmal, auch die Straße. Es gibt keine Allee, die geschlossene Reihe der Vorgärten bietet allerdings vielfältig Buntes. In dieser einfachen, aber soliden Umgebung hat man im Haus Nummer 7 1898 das »Magdalenum«, eine »Besserungsanstalt für gefallene Mädchen«, gegründet und sie unter den Schutz der reuigen Büßerin und Patronin von Nymphenburg gestellt. Auch das läßt nicht auf eine verruchte Bohème in Gern schließen, die man als verderbliches Milieu zu fürchten gehabt hätte.

An der Klugstraße geht es am besten über die Wilhelm-Düll- zurück in die Tizianstraße.

In der Wilhelm-Düll-Straße sind nämlich alle Häuser zwischen 1902 und 1907 ausschließlich von Rudolf Hofmann entworfen worden, der von den verschiedenen Architekten Gerns am ausdrücklichsten dem neuen Jugendstil zuneigte. Nirgends in Gern ist deshalb die phantasievolle Vielfalt der die schmalen Reihenhäuser individualisierenden Dekoration wie Putzrahmung oder Reliefs und der schwungvollen Ausformung von Balkonen, Giebeln und Erkerchen größer als in dieser Straße. Ein ästhetisches Vergnügen besonderer Art in München.

Und dann gibt es mit der Klug- und Wilhelm-Düll-Straße örtlichen Anlaß, ein weiteres Kapitel des Künstlerviertels Gern aufzuschlagen.

7.
DIE ROTE »SIMPLICISSIMUS«-BULLDOGGE UND ANDERE BISSIGE GERNER KARIKATURISTEN

Im Eckhaus Klug- / Böcklinstraße wohnte Thomas Theodor Heine, in der Gerner Straße (damals Nummer 4, später 32) Bruno Paul, in der Wilhelm Düll Straße (mit mir unbekannter Hausnummer) Karl Arnold und Rudolf Wilke. Das waren allein vier der besten Illustratoren aus der Redaktion der berühmtesten, berüchtigsten und auflagenstärksten deutschen Satirezeitschrift dieser Zeit. Die Angriffe im »Simplicissimus« auf das Establishment und die Macht- und Prachtentfaltung des Reichs in der Ära Kaiser Wilhelms II. wurden wöchentlich jeden Dienstag in ganz Deutschland mit breiter Öffentlichkeit und hoher Aufmerksamkeit verfolgt – von der Justiz bei Skandalträchtigkeit auch mit höchster Strenge und Festungshaft oder Exil für die Urheber.

Ebenfalls in der Klugstraße wohnt außerdem Friedrich Wahle, Mitarbeiter der satirischen »Fliegenden Blätter«. Und in der schon besuchten Tizianstraße 91 mein Onkel Gerhardt Hentrich, der für die »Fliegenden Blätter«, die »Jugend«, den »Phosphor« und später den neuen »Simplicissimus« zeichnete.

Mit den Karikaturisten schwammen ausgerechnet einige der progressiv-aggressivsten Hechte der Kunstszene Deutschlands im gutbürgerlichen, eher idyllisch konservativen Karpfenteich der Gerner »Muster-Colonie« Eine »ökologisch« durchaus interessante Mischung.

Durch den neuen progressiven Stil der Karikaturen des »Simplicissimus« trat München an die Spitze der satirischen Zeichenkunst in Europa, nicht in der Malerei. Auch wenn die Bemerkung des Berliner Malers Adolf Menzel, wie herrlich in München gezeichnet und wie miserabel gemalt werde, vielleicht als Seitenhieb auf Kaulbach gedacht gewesen sein soll. Wilhelm Leibl zum Beispiel und viele mit ihm meinten es, angesichts des stürmischen stilpluralistischen Ringens, der Fraktionsbildungen und der sich jagenden Sezessionsbewegungen, wirklich ernst: »Da sprechen die Leute immer von der ‚neuen Kunst' und laufen in Ausstellungen und suchen sie. Sie sollten den ‚Simplicissimus' in die Hand nehmen! Da haben sie die neue Kunst.«[21].

Das 1896 von dem rheinischen Buchverleger Albert Langen gegründete Satireblatt hatte in- und ausländische Vorgänger und Vorbilder und eine Menge deutscher Konkurrenz. Wochen- und Monatszeitschriften mit Literatur, Kunst, Humoristischem und gesellschaftspolitischer Satire hatten Tradition und waren in Mode. Seit 1844 beziehungsweise dem Revolutionsjahr 1848 gab es in München die »Fliegenden Blätter«, in Berlin den »Kladderadatsch«, später dort »Die Lustigen Blätter« und den »Ulk«, um nur die bekanntesten zu nennen.

In München soll es um 1900 rund 60 solcher Zeitschriften gegeben haben. Nur drei Monate vor dem »Simplicissimus« hat in München Georg Hirth die, allerdings stärker auf Kunst ausgerichtete, Zeitschrift »Jugend« begründet. Sie gab mit ihrem Titel der allgemeinen optimistischen Aufbruchsstimmung um die Wende zum 20. Jahrhundert und der neuen, tabubrechenden Jugendstilepoche den Namen.

Aber der »Simplicissimus« – bald allgemein familiär »Simpl« tituliert – schuf und bot eine sensationell hohe Qualität der radikalen politischen Satire und eine eigene Stilrichtung und Bildsprache. Und das gerade bei aller nicht harmonisierten, unverwechselbaren Originalität jedes einzelnen seiner mitwirkenden Künstler.

Gemeinsames Spott- und Kritikziel war der Obrigkeitsstaat des Deutschen Reichs, das seit 1888 Kaiser Wilhelm II. in sehr autokratischem Regiment führte, die Gewalttätigkeiten im zaristischen Rußland unter Nikolaus II. wie während der Russischen Revolution von 1905, der grausame britische Burenkrieg, die Kolonialpolitik, die Bündniskomplotte und das Wettrüsten, das schließlich in den Ersten Weltkrieg führte. Gemeinsam kämpfte man gegen Militaris-

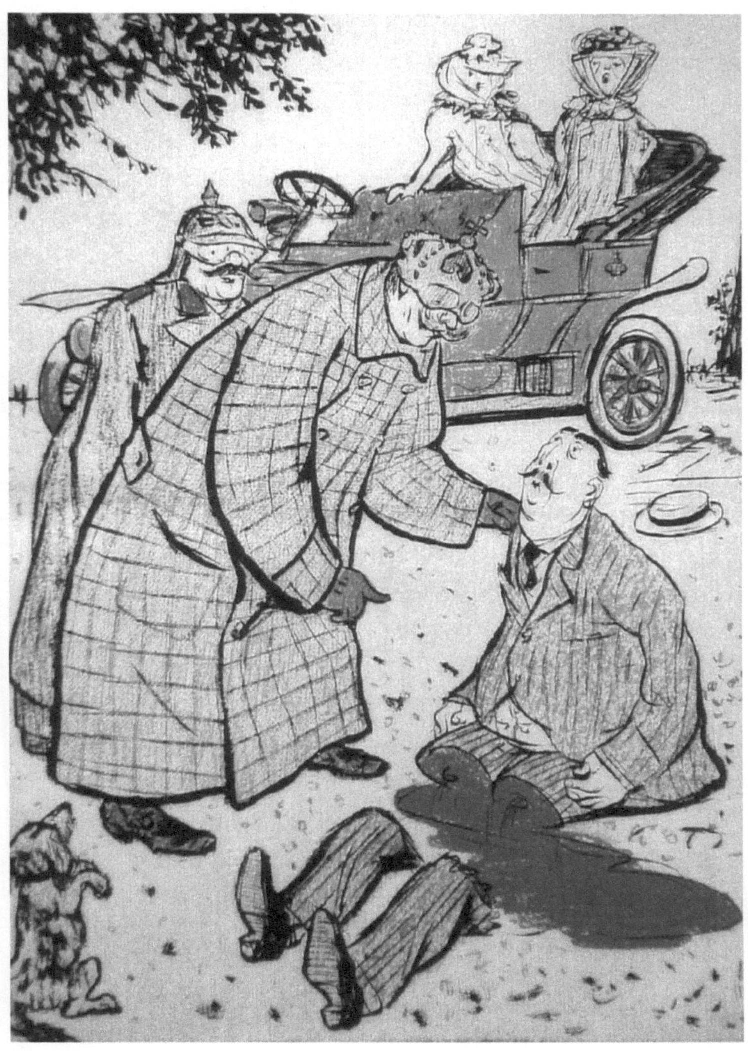

Th. Th. Heine 1907: »Der schönste Tag seines Lebens: Königliche Hoheit werden es mir hoffentlich nicht als einen Mangel an Respekt auslegen, daß ich mir alleruntertänigst erlaube, bei Hochdero Ansprache sitzen zu bleiben.« Der Untertan kuscht devot, selbst wenn ihm von den Herrschenden Leid und Unrecht zugefügt wird. Er macht noch Männchen, wie das Hündchen im Bild links unten.

mus, Klerikalismus, Kastendenken, Bildungsdünkel, Hartherzigkeit gegenüber sozialen Mißständen, moralische Scheinheiligkeit, Unterdrückung der »freien Denkungsart« von oben ebenso wie gegen den Untertanengeist.

Individuell und markant aber waren die Ausdrucks- und Stilmittel der vielen genialen Illustratoren, so die ältere Bezeichnung für Karikaturisten, die der Simpl bündeln konnte und spezialisiert waren ihre Themenvorlieben.

Th. Th. Heine, der politisch schärfste und deshalb bald meistgehaßte Zeichner, gestaltete überwiegend die Titelseiten. Was wiederum dem nicht tagespolitisch interessierten Rudolf Wilke, dem hintergründigen Darsteller von Unterprivilegierten des Systems, von Landstreichern und Bettlern, wegen fehlender Angriffslust verwehrt blieb. Das Ressort von Eduard Thöny, dem militärischen Umgangsformen- und Uniformenkenner, war der »Wehrstand« mit seinem Inbegriff, den schnoddrigen preußischen Leutnants. Bruno Paul war wie Heine innen- und außenpolitischer Generalist, sein weiteres Ressort waren Milieutypen schlechthin, darunter vor allem der »Nährstand« mit dem Prototyp des Dachauer Bauern. Das Fach des Österreichers Ferdinand Freiherr von Reznicek, dem ehemaligen Kavallerieoffizier, war die mehr oder weniger mondäne Halbwelt und die Gesellschaftsmoral. Josef Benedikt Engl, der einzige Altbayer, mit seinen rundköpfigen Durchschnittstypen war eher für den Mittelstand, Spießbürger und Pfaffen, Wilhelm Schulz für das Romantisch-Idyllische zuständig. Karl Arnold und Olaf Gulbransson, die mit Heine langjährigsten und ergiebigsten Mitarbeiter, waren im Vergleich dazu geniale Allrounder.

Der Oberwadlbeißer Deutschlands Th. Th. Heine

Thomas Theodor Heine (1867–1948) war der inoffizielle und von allen bewunderte Chef des Simplteams, geistiger Führer und politischer Exponent nach außen[22].

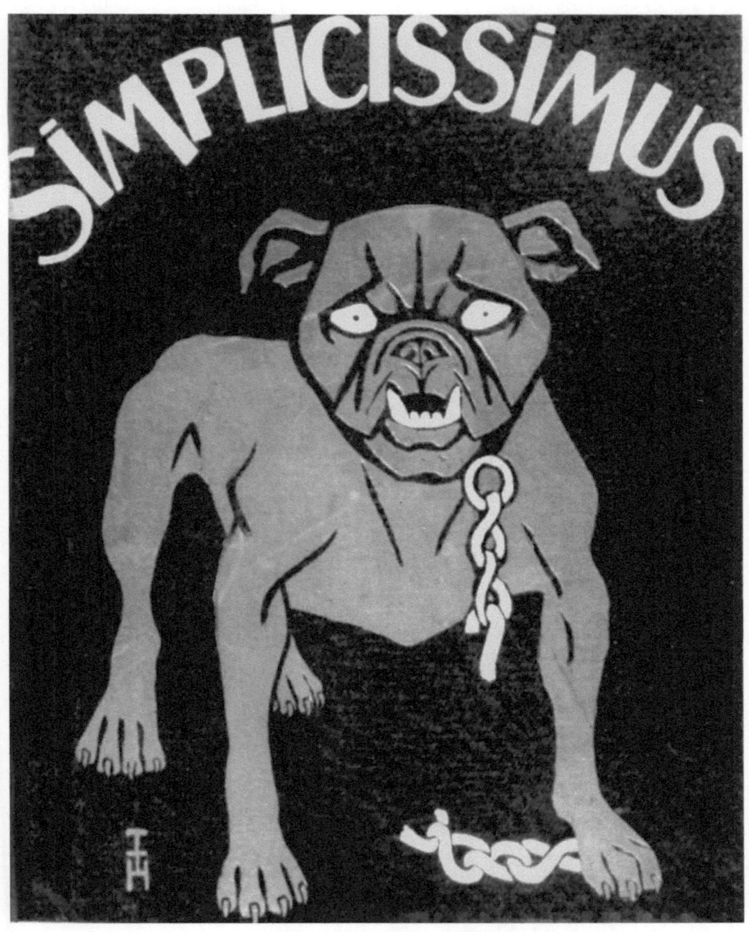

Das Wappentier des »Simplicissimus« von Th. Th. Heine, die rote Bulldogge.

Heine prägte das künstlerische Niveau des bald zu europäischer Geltung aufsteigenden Blattes, nicht nur, weil er das unsterbliche Titelbild entwarf: Die rote Bulldogge, ihre zerrissene Kette um den Hals, breitbeinig und bissig die Freiheit verteidigend. Zum aggressiven Wappentier des Simpls hat Heine in bester Ironie und Doppeldeutigkeit die eigenen niedlich-phlegmatischen Möpse umverwandelt,

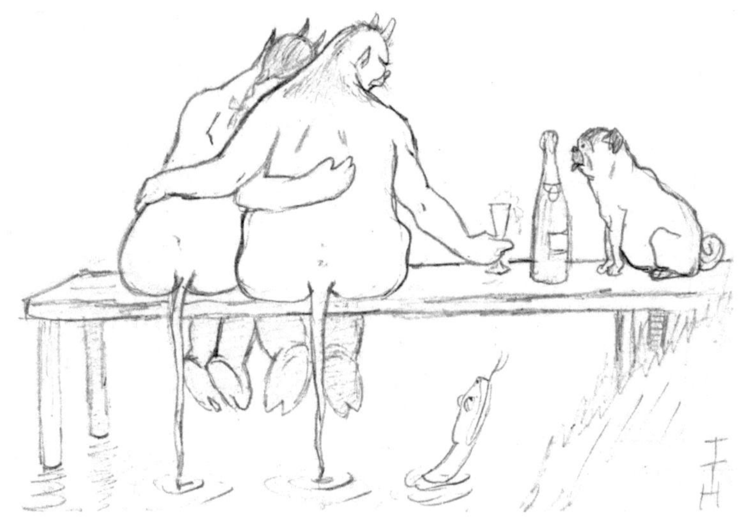

Teufelspärchen mit Mops, dem Haus- und Wappentier Th. Th. Heines. Skizze eines Werbeplakats für Feist-Henkellsekt.

für die er ein Faible hatte und die sein trautes Heim in Gern bevölkerten.

Dazu entwarf Heine, auch im Bereich der damals modernen Künstlerplakate an der Spitze seiner Zeit, die wunderbare Werbegraphik im Jugendstil für den Simpl, die zu dessen Einführung an allen Litfaßsäulen hing: Der die Satire verkörpernde Teufel umfaßt die Taille einer eleganten Malerin, Symbol der Kunst, beide in fröhlich beschwingter Aufbruchsstimmung.

Heine war, wie fast alle Illustratoren des Simpl, erstens akademisch ausgebildeter Maler und zweitens Wahlmünchner, angezogen vom Glanz der Kunstmetropole. Er war 1867 in Leipzig geboren, von der Düsseldorfer Kunstakademie und der Ausbildung als Historienmaler 1889 nach Schwabing »geflüchtet« und von dort als Leibl-Verehrer bald für drei Jahre nach Dachau gezogen. Dort malt er Freilichtbilder, Landschaften, Torfstich im Moos – und Angler an der Amper so gediegen, daß Lovis Corinth ihn für die so treffende Wasserdarstellung extra belobigte. Er ist Mitglied der ersten Seces-

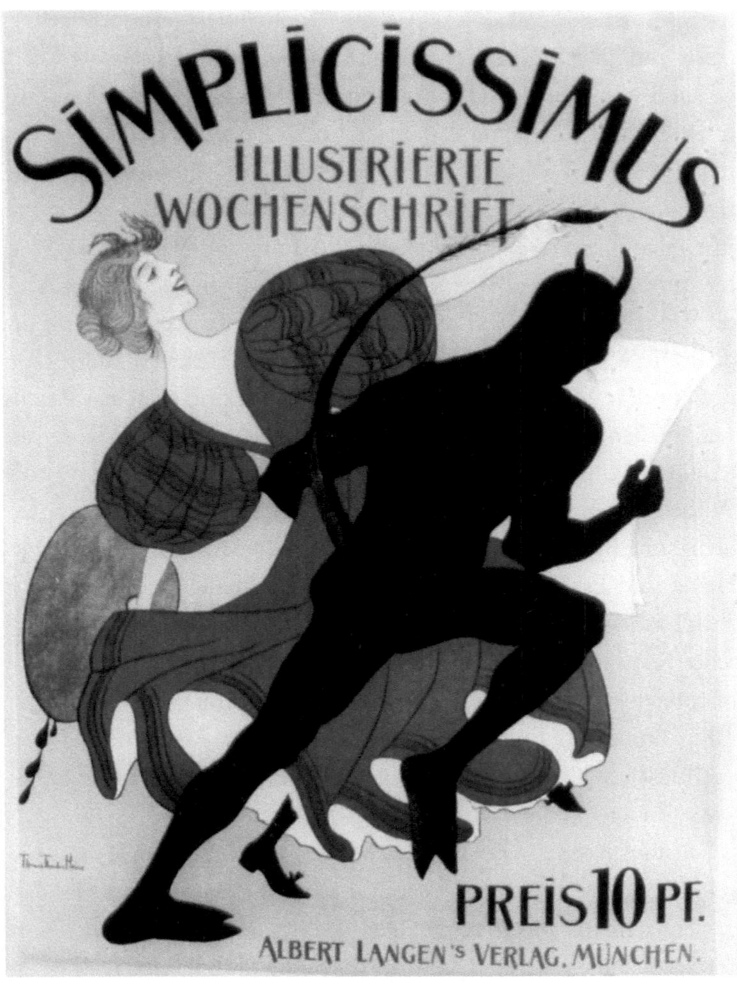

Kunst und Satire; Werbeplakat von Th. Th. Heine 1896 für den »Simplicissimus«.

sion und stellt Bilder im »Glaspalast« aus, von denen viele im Krieg zerstört wurden.

1901 kauft Heine für sich und seine Familie das Gerner Atelier-Eckhaus Klug-/Böcklinstraße mit kleinem Garten von einem Kunstmaler. Bis hierher klingt Heines Vita mit der Abfolge Zuzug nach München-Schwabing, Dachauer Malschule, Gern recht zeittypisch und nicht viel anders als zum Beispiel die Röths.

Der Blitz zündete unmittelbar mit der Gründung des »Simplicissimus«. Heine gehörte von Anfang an und an erster Stelle dazu. Schon 1898, zwei Jahre später, war der Biß von Heines Bulldogge so kräftig-schmerzhaft, daß es zu einem deutschlandweit vieldiskutierten Justizskandal kam. Der wirkte sich allerdings wie Werbung aus, was die Auflage des Simpl noch verdoppelte und seinen Ruf festigte. Kaiser Wilhelm II. hatte auf seiner Palästinareise, die Absatzgebiete für deutsche Waren erkunden sollte, nicht nur der Türkei, sondern allen dreihundert Millionen Muslims den Schutz des Deutschen Reichs versprochen. Diese vollmundige, diplomatisch schädliche Rede mit religiösen Untertönen verspottete Heine in einer Zeichnung, die Wilhelm als Kaiser Barbarossa mit einer Kombination von Tropenhelm und Pickelhaube auf ebenfalls vergeblichem Kreuzzug zeigt. Heine und Frank Wedekind, der das begleitende Gedicht verfaßt hatte, saßen wegen Majestätsbeleidigung sechs Monate in sächsischer Festungshaft, Verleger Langen mußte für fünf Jahre vom Exil in der Schweiz aus die Münchner Zeitschrift managen.

Für immer ins Exil floh Heine, der jüdischer Abstammung war, nach fast 40-jährigem Wirken für den Simpl, als dieser 1933 so gut wie »gleichgeschaltet« wurde.

Um 1916 hatte Heine ein (Zweit)Haus in Dießen am Ammersee gekauft. Seine Wahl hatte einen hauptsächlichen Grund darin, daß das benachbarte Holzhausen einen dörflich-idyllischen Künstlerort am See vor allem für den Sommer darstellte und durch das Ehepaar Gasteiger die Verbindung mit Gerner Künstlern und Karikaturisten wie mit dem Simplicissimus-Mitarbeiterkreis überhaupt längst hergestellt war. Heine und die Gasteigers lebten in Gern kaum 300 Meter voneinander entfernt.

Heines Simpl-Kollege Eduard Thöny war seit 1908 (bis zu seinem Tod 1950) ebenfalls auf einem Seegrundstück neben dem Gasteigeranwesen ansässig und mit den gastfreundlichen Nachbarn gut befreundet. Er stellte wohl den Kontakt zu den anderen Simplicianern her, vor allem zu Olaf Gulbransson, der sogar für einige Zeit in Holzhausen lebte, und zu Heine, der mit ihnen über 20 Jahre in Verbindung blieb.

Heine verzierte nicht nur das Poesiealbum der einzigen Gasteigertochter mit einem seiner berühmten Möpse. Kunstkritiker urteilen, daß eine Reihe von zeitkritisch-ironisierenden Skulpturen von Mathias Gasteiger, die im Gerner Garten zum Verkauf standen wie das »Brunnenbuberl« oder der »Storchenbrunnen«, bei dem der Storch einen kleinen Knaben mit einem Regenwurm füttern will, an Karikaturen Heines oder Gulbranssons im Simpl erinnern. Mit Ludwig Thoma, dem schreibenden Simpl-Mitarbeiter, war das Ehepaar Gasteiger seit der gemeinsamen Dachauer bzw. Deutenhofener Zeit vor 1900 befreundet. Thoma hatte schon 1902 sein Buch »Assessor Karlchen und andere Geschichten« Anna gewidmet, 1909 schickt er ihr die Erstausgabe der »Filserbriefe« (mit zwanzig Zeichnungen von Thöny) mit herzlicher Widmung.

Das exquisite »Sommerlandhäuschen« und der Park der Gasteigers bildeten den Rahmen für unzählige Künstlertreffs und -feste. In kreativer Offenheit verband das Paar die Künstlerkolonie Holzhausen mit der Künstlerhochburg Gern. Und man könnte fast sagen, mit dieser Zentrierung stellte der Ammersee bei Holzhausen damals eine Art bescheideneres westliches Pendant zum vielgeliebten Tegernsee und den dort (zweit)wohnenden Simplicianern und Künstlern vor allem aus dem Osten Münchens dar.

Und wie in Rottach-Egern am Tegernsee so liegt auch im Holzhauser Dorffriedhof, mit weitem Blick über den Ammersee bis hinüber nach Andechs, neben den Ureinwohnern, einheimischen Bauern und Fischern, eine Reihe von großstädtischen Kunstprominenten. Darunter Mitglieder der Künstlervereinigung »Scholle« wie Fritz Erler und Paul Neu sowie Eduard Thöny und die Gasteigers, die auch in ihren Grabstätten nahe Nachbarn blieben.

1919 verkauft Heine das Haus in der Klugstraße, bleibt in Dießen. Aber Frau und Tochter kehren wohl nach 1933 nach Gern zurück, nachdem Heine sie nicht mit ins schwedische Exil mitnahm. Dort starb er 1948 in Stockholm. 1969 wurde Heines ehemaliges Haus abgerissen und ein Mehrfamilienhaus mit 16 Wohnungen an seine Stelle gesetzt. Nur noch das Haus Nummer 50 gibt in etwa einen Eindruck von dieser historischen ersten Atelierreihenhauszeile Heilmanns in München.

Ob der persönlich schwierige Heine mit Friedrich Wahle, dem Nachbarn in der Klugstraße und Kollegen bei den »Fliegenden Blättern«, Kontakt gepflegt hat, darüber ist meines Wissens nichts bekannt. Auch Heine hat vor 1896 gelegentlich für diese Zeitschrift gezeichnet, sie aber als altmodisch und nicht sein Feld betrachtet. Tatsächlich standen die seit 1844 erscheinenden »Fliegenden Blätter« in bester Tradition. Sie hatten früher Mitarbeiter gehabt wie Moritz von Schwind, Carl Spitzweg – mit seinen ironisierenden Scheinidyllen – und bis 1871 das die humoristische Sparte der Zukunft stilprägende Zeichen- und Versgenie Wilhelm Busch.

Das Blatt war noch immer qualitätvoll, aber seine Stärke lag mehr in Richtung Humor. In der politischen Satire war es nach scharfen Anfängen längst sehr zahm geworden. Für Friedrich Wahle (1863–1931) aus Prag, bzw. Furth im Wald, der im Ausland, aber auch an der Münchner Akademie bei Professor Wilhelm von Diez und Löfftz, beide Vertreter der Dachauer Schule, Malerei studiert hatte, waren die traditionsverhafteteren »Fliegenden Blätter« im Gegensatz zu Heine das geeignete Arbeitsfeld. Seine Gesellschaftskarikaturen umkreisten das Bürgertum, vom Kleinbürgerlichen bis zur weltmännischen Eleganz. Wahle führte seine Entwürfe in Öl aus, er betonte das Malerische, die Lichtreize, zeigte noch die Herkunft aus der biedermeierlichen Genremalerei. Die moderne, ätzende Karikatur in vereinfachenden, plakativen Strichen, mit lithoartig wirkenden glatten Farbflächen, mit den verfremdenden Stilmitteln von physiognomischen und perspektivischen Verzerrungen wie die Heines und vieler Simplicianer war nicht seine Ausdrucksform. Eigentlich lebten hier die Vertreter zweier Illustrationskunst-Epochen nebeneinander, ein wohnnachbarschaftliches Kontrastprogramm. Gern blieb lange Wahles Wahlheimat, aus der er nur zuletzt in die benachbarte neue

Villenkolonie Pasing des Heilmannschen Kollegen August Exter gewechselt ist.

Das Multitalent Bruno Paul: Von der Zitrone zu Zitronenzimmern

Schon Anfang 1897, noch im ersten Jahrgang, war Bruno Paul (1874–1968) zum »Simplicissimus« gestoßen[23].

Neben Heine lieferte er die schärfsten politischen Karikaturen, über 500 Zeichnungen insgesamt in den fast zehn Jahren seiner regelmäßigen Mitarbeit bis 1906. Eingeübt hatte er sich durch einen einjährigen Studentennebenjob als Illustrator für die Zeitschrift »Jugend«, bevor er hauptberuflich zum Simpl wechselte.

Auch Bruno Paul kämpfte mit Pinsel und Feder gegen die imperialistische Außenpolitik der europäischen Mächte und Amerikas Expansionsstreben unter Roosevelt, gegen ihre unheiligen Allianzen zuungunsten der eigenen wie der fremden unterdrückten Völker, im Innern gegen die Verbündung von Staat und Kirche, die Liberalität und individuelle Freiheit behinderte, gegen soziale Härte und viele Mißstände der wilhelminischen Klassengesellschaft.

Daneben war Paul ein ausgesprochener Meister bayerischer Typen, obwohl auch er wie Heine und fast alle zeichnenden Simplicianer aus Norddeutschland stammte. Er traf karikierend die Sichtweise der grantelnden und partikularistisch-widerspenstigen Einheimischen als Gegenwelt zu den überheblich-vorschnellen Preußen so ziel- und stilsicher, daß seine Zeichnungen selbst einem Ludwig Thoma ins Auge fielen, einem Alteingesessenen mit seismographisch-feinem Gespür für bayerische Nuancen. Was für den »Simplicissimus« und Thoma »nachhaltigste Folgen« hatte, die noch berichtet werden.

Bruno Paul war wie Heine Sachse, in der Oberlausitz geboren, während des Studiums von Dresden ins begehrte München gewechselt und nach fünfjähriger Berufstätigkeit beim Simpl etwa gleichzeitig mit Heine 1901 nach Gern, in die Gerner Straße, gezogen. Wie

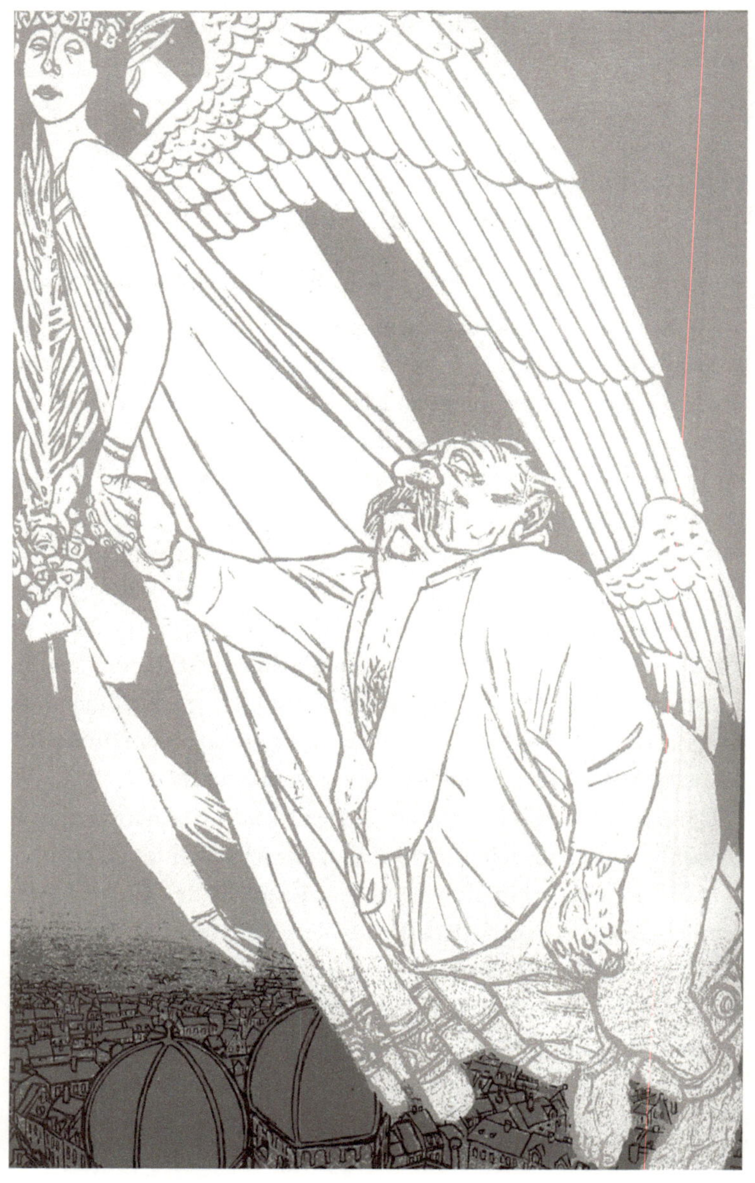

Bruno Paul 1904: »Münchners Himmelfahrt: ›Sie, fliagn S'net gar so schnell, i hab' a Bierherz.‹«

er dem auch im Simpl veröffentlichenden Schriftsteller Otto Julius Bierbaum, dessen Wohnnachfolger er werden wollte, gegenüber begründet, um stadtnäher zu wohnen »ohne in einer Mietskaserne hausen zu müssen«. Und er erkundigt sich, ob Gas und Trocken-Speicher vorhanden sind[24]. Heilmann hat es für seine Kunden getroffen.

An der Münchener Kunstakademie hatte Paul Malerei studiert, aber zugleich an der Technischen Hochschule ein Architekturstudium absolviert. Und in diese Richtung entwickelte sich unter seinen vielen künstlerischen Seiten schließlich der Schwerpunkt seines Lebenswerks, trotz seiner Sofort-Karriere beim Simpl. Die meisten Simplicianer waren mehrfach begabt und tätig, im allgemeinen in der Malerei. Paul war ein wirkliches Multitalent, am ausgeprägtesten und erfolgreichsten aber als Möbeldesigner und Architekt. Er wurde einer der bedeutendsten Gestalter seiner Zeit in Deutschland.

Schon 1898 begann er mit den »Vereinigten Werkstätten für Kunst im Handwerk« noch im ersten Gründungsjahr zusammenzuarbeiten. So herausragend, daß er auf der Pariser Weltausstellung von 1900 drei Goldmedaillen und von da an internationale Anerkennung gewann. Im »Simplicissimus« erscheint bald neben den vielen Karikaturen Bruno Pauls im Anzeigenteil auch die Werbung der rasch berühmten »Vereinigten Werkstätten« mit Photos seiner neuesten Innenausstattungs-Entwürfe.

Noch war beides mit Energie zu verquicken, wenn er auch auf die Vorzeichnungen seiner Karikaturen manchmal zugleich Designskizzen kritzelt, also gedanklich bereits zweigleisig unterwegs ist[25]. Aber Bruno Paul hatte 1903 mit Hermann Obrist, Martin Dülfer und anderen die »Münchner Vereinigung für angewandte Kunst« gegründet, die sich zum Ziel setzte, das Kunstgewerbe der freien Kunst gleichzustellen.

1906 wurde er schließlich als Leiter der Kunstgewerbeschule in die Reichshauptstadt berufen. Berlin übertrumpfte Gern, die Karriere als international angesehener Möbelgestalter, Architekt und Hochschullehrer bis zum Berufsverbot 1933 überbot von da an für immer die des bereits herausragenden Karikaturisten. Seine letzten Beiträge für den Simpl erschienen unter dem Pseudonym »Horst Kellermann«, denn sein neues Amt war mit der subversiven Tätigkeit bei der staatskritischsten Satirezeitschrift Deutschlands zukünftig nicht zu vereinbaren. Immerhin hatte Kaiser Wilhelm I. persönlich und in voller Kenntnis seiner »Vergangenheit« der Berufung Bruno Pauls zugestimmt.

Dem politischen Establishment blieb es durch Pauls Fachwechsel erspart, in weitere genial-saure Zitronenscheiben seiner Karikaturen beißen zu müssen. In dieser Hinsicht war es für die Gesellschaft viel angenehmer, daß Bruno Paul sich zu einem der gefragtesten avantgardistischen Innenausstatter nicht nur zu Lande, sondern auch zur See entwickelte, denn er entwarf sogar die Räume für Lloyds Luxusliner. Und daß er als innovativer Architekt und Designer von industriellen Serienmöbeln wie von Unikaten und exklusiv mit sogenanntem »Zitronenholz« vertäfelten und eingerichteten Zimmern wie für das Schloß der Faber-Castell-Dynastie bei Nürnberg – eine einzigartige Spezialität Pauls – glücklicherweise in anderen Metiers glänzte.

Vagabundenwürde gegen Spießerdünkel: Rudolf Wilke und Ludwig Thoma

Der dritte »tolle Hecht« des »Simplicissimus« in Gern und vielleicht einzige Bohèmien unter den »Kolonisten« war Rudolf Wilke (1874–1908). Von Braunschweig zugezogen, hatte er sein schlichtes Domizil in einer Wohnung in der Wilhelm-Düll-Straße genommen.

Nicht nur der kritische Heine hielt Wilke bis zu dessen frühem Tod für den Begabtesten der Simpl-Crew. Auch der spätere erste deutsche Bundespräsident Theodor Heuss, Intimkenner des »Simplicissimus« und Chefredakteur der von Ludwig Thoma und Hermann Hesse herausgegebenen Zeitschrift »März«, schwärmte rückblickend in seinem Essay »Zur Ästhetik der Karikatur«: »Das größte, was je an grotesker und taktvoller anatomischer Karikatur gezeichnet wurde, kam aus der Hand unseres Rudolf Wilke«[26].

Und Ludwig Thoma, sonst voll Understatement im Lob, nannte ihn den »größten deutschen Humoristen«; er erkenne scharfäugig die Schwächen, lache aber darüber »ohne unangenehme Schärfe«. Wilke war in seiner kurzen Lebenszeit Thomas bester Freund, dessen Wesen und Wirken Thoma unter anderem in seinen »Erinnerungen« ausführlich und liebevoll verehrend beschreibt[27].

Offensichtlich hatten sich zwei verwandte Seelen gefunden. Thoma teilte mit Wilke aufs tiefste, was er an ihm hervorhob: die »Verachtung der im eigenen Fett erstickenden Bourgeoisie«, ihre Aufgeblasenheit, Weltfremdheit und deutsches Oberlehrertum. Wilke habe kein Verständnis für »Zwang und bürgerliche Enge, aber Ehrfurcht vor wirklichen Werten«. Daher stamme seine zeichnerische Vorliebe für Themen aus der Unterschicht. Wer dieser angehörte, war von oben herab betrachtet nur Untertan und konnte »gerade noch für zweibeinig gelten«, wie Thoma es ausdrückt. Am augenfälligsten typisiere dies Wilke durch seine Vagabunden, die »mit der Ruhe des Weltweisen ihre Faulheit genießen«.

Wilkes Vertreter der Massen, die auf den unteren Sprossen der sozialen Hierarchie stehen, zeigen die Kehrseite der Medaille »Gründerzeit«. Die absoluten »outlaws« signalisieren in Lumpen eine innere Würde, Verständigkeit und freiheitliche Haltung, die dem arriviertesten Spießbürger im Frack fehlen.

Ähnlich wie Bruno Paul war Rudolf Wilke zuerst regelmäßiger Mitarbeiter der Zeitschrift »Jugend«, in der auch Thoma anfangs vereinzelt politische Gedichte herausgab.

Als Ludwig Thoma (1867–1921), der noch in seiner Dachauer Wohnung eine Rechtsanwaltskanzlei betrieb, 1897 seine erste große Erzählung »Agricola« herausgab, bat er Bruno Paul um Illustrationen dazu. Dessen Zeichnungen – die unnachahmlichen bayrischen Figuren – waren wie gesagt Thoma aufgefallen. Für die Landschaftsdarstellungen gewann er den befreundeten Adolf Hölzel, den Protagonisten der »Neu-Dachauer Malerkolonie«. Wilke, den er kurz zuvor kennen gelernt hatte, half bei der Arrangierung. Eine literarisch-bibliophile Delikatesse entstand. Der junge Jurist Thoma überblickte, wie

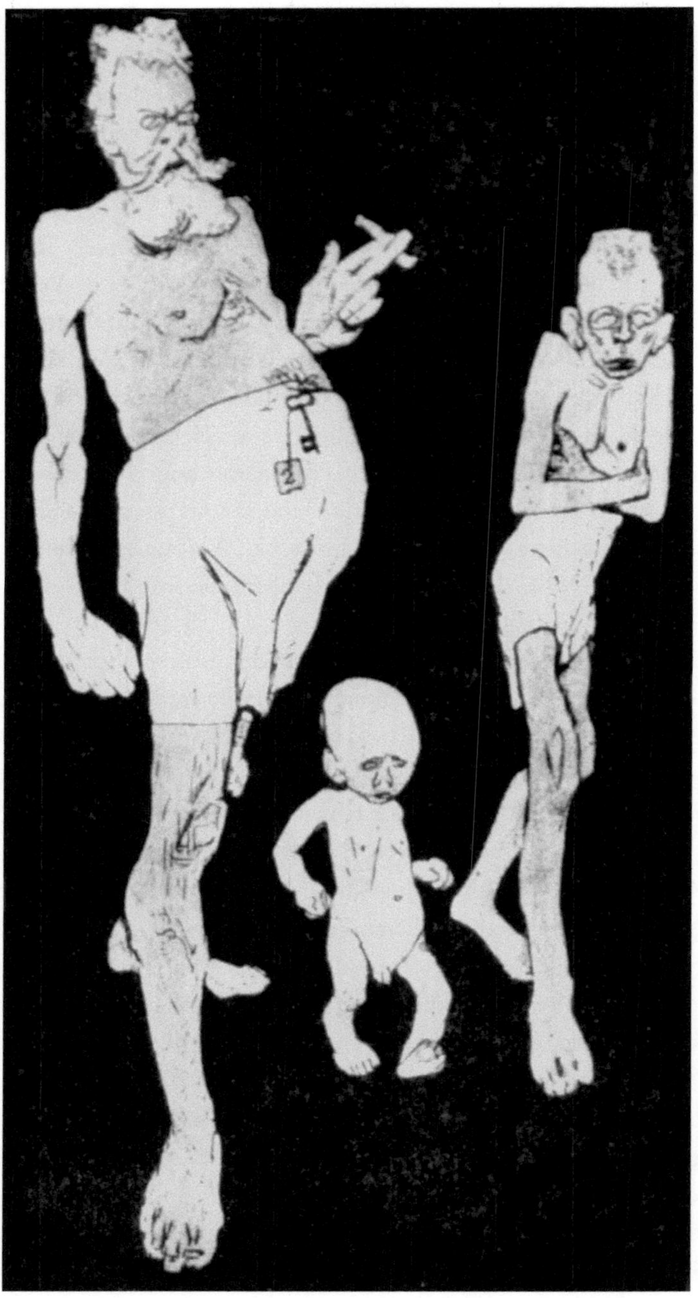

Links: Rudolf Wilke (vor 1908): »Völkische Erinnerung: Beim Betreten des Schwimmbades denken wir unwillkürlich an die Schlacht bei Arausio, wo unsere tapferen Vorfahren durch den bloßen Anblick ihrer Leiber den Schrecken der Römer erregten.«

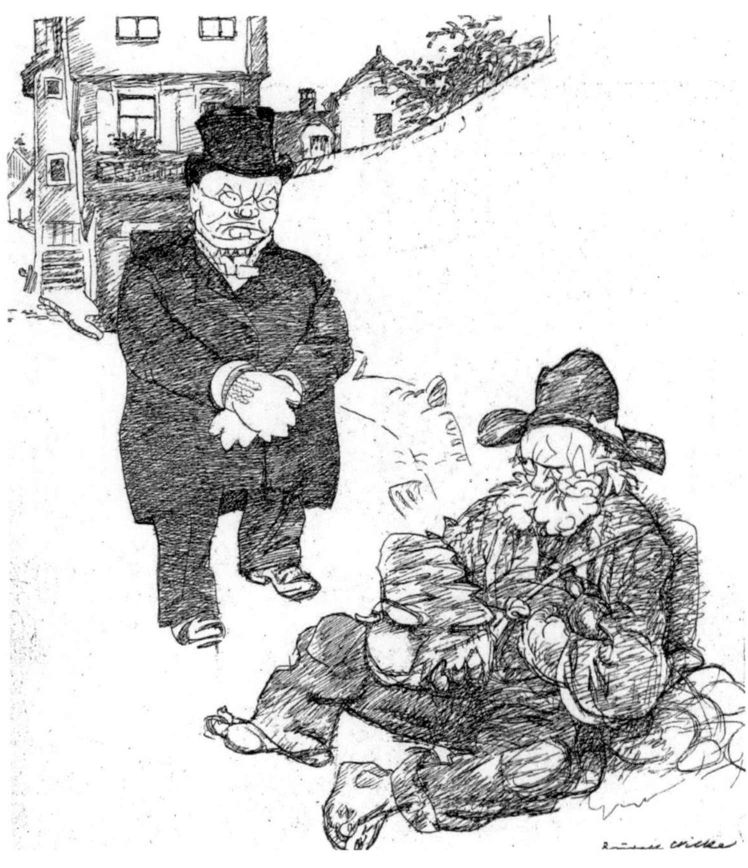

R. Wilke 1907: »Zwei Welten: ›Vater im Himmel, ist das ein Mensch? Unglückseliger, hast Du eine unsterbliche Seele?‹ – ›Nein. Hast Du eine Zigarre?‹«

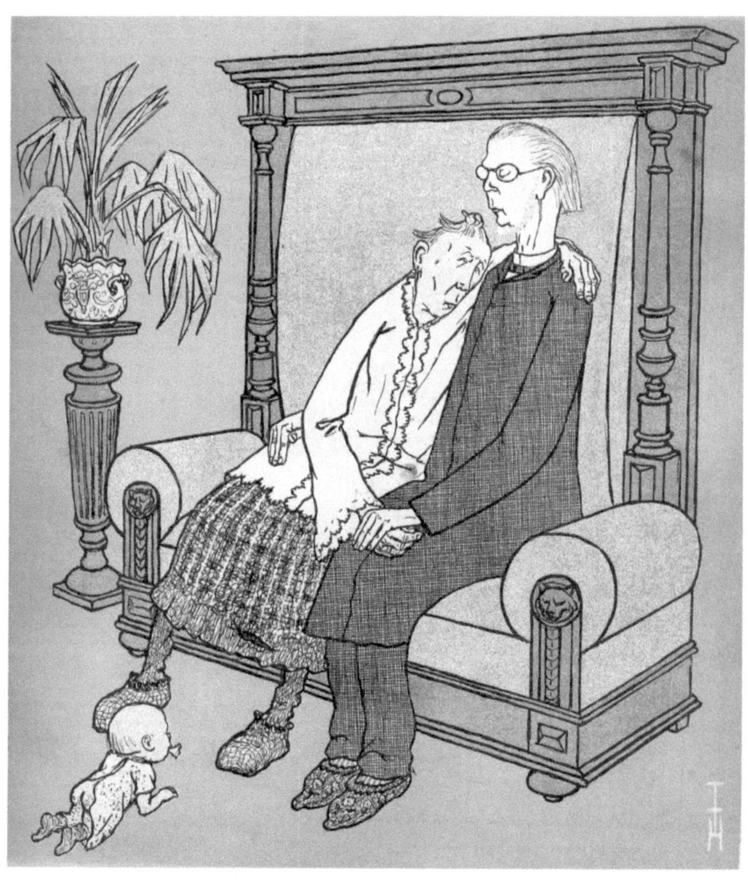

Sittlichkeit und Doppelmoral: Th. Th. Heine 1905: »Bilder aus dem deutschen Pastorenleben: ›Sage mir, Gotthold, ist unsere irdische Liebe nicht doch sündhaft?‹ – ›Oh nein, Mathilde, sündhaft ist nur das Vergnügen.‹«

seine »Erinnerungen« zeigen, die Dachauer Kunst- und bald auch die Münchner Zeichnerszene sehr gut und wählte urteilssicher. Bruno Paul und Rudolf Wilke war es zu verdanken, daß aus dem Simpl-Leser Thoma ein Simpl-Mitarbeiter wurde, einer der besten.

Thoma zog nach München, gab 1899 seine Kanzlei ganz auf, trat auf Pauls Rat als Redakteur, aber auch mit den eigenen literarischen Produktionen in den »Simplicissimus« ein und hob da-

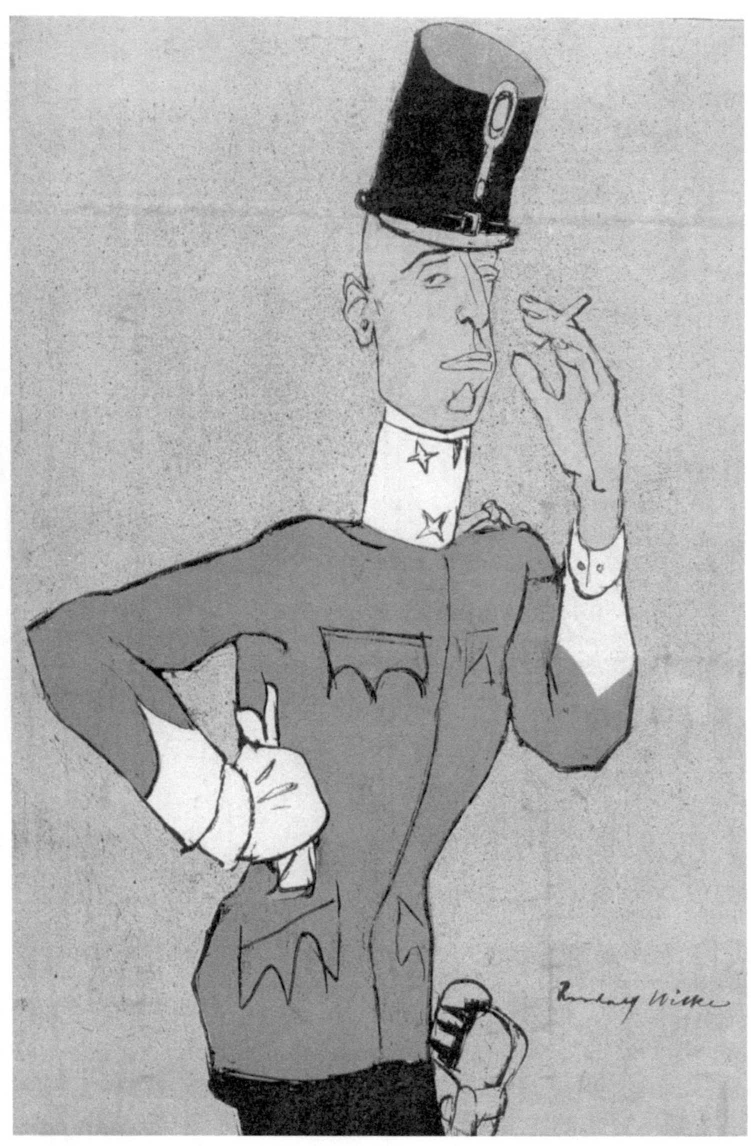

R. Wilke 1905: »Bildungstrieb: ›Wann sie doch im Theater die Operette Mikado geben möchten, daß man sich einigermaßen über japanische Verhältnisse orientieren könnte.‹«

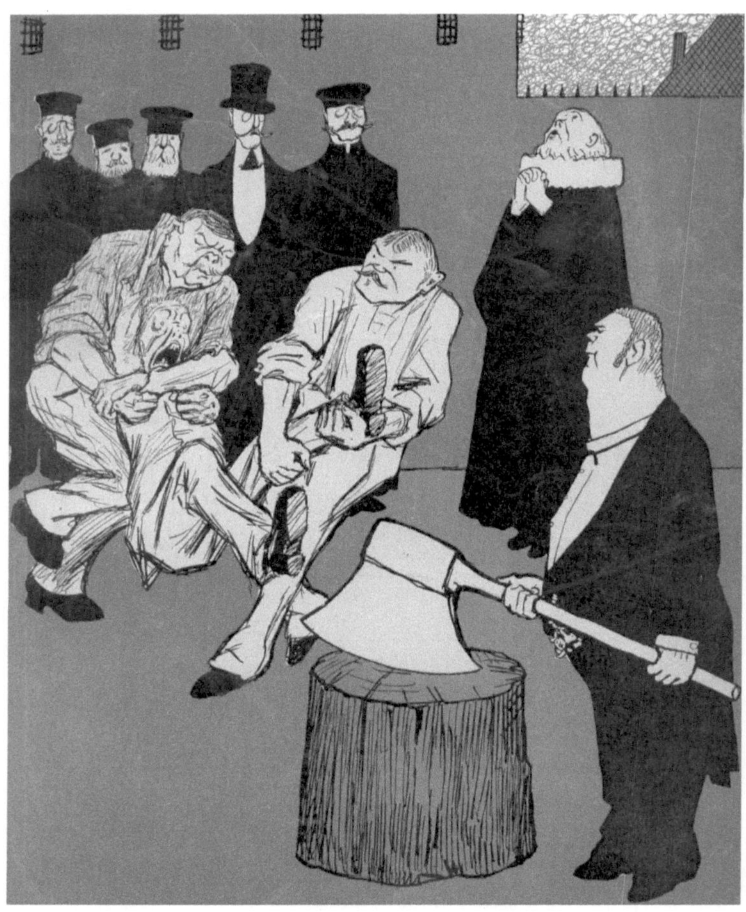

Th. Th. Heine 1905: »Religion: ›Und vergib uns unsere Schuld, wie wir vergeben unsern Schuldigern!‹«

mit bald erfolgreich das literarische Niveau. Statt sich »abwinselnder Damen«-Literatur erschienen nun unter anderem die deftigen »Briefe des bayerischen Abgeordneten Josef Filser« in Fortsetzungen und kritischgrobe Spitzen Thomas unter seinem Pseudonym »Peter Schlemihl«.

Dabei blieb es nicht aus, daß der Simpl, ohnehin wegen seiner Libertinage als Pornojournal verrufen beziehungsweise geschätzt, anläßlich Thomas leidenschaftlichem Kampf gegen die Fesseln von Scheinheiligkeit und Prüderie, wieder einmal zum großen Skandal wurde.

Thoma hatte 1904 Vertreter der deutschtümelnden »Vereine zur Hebung der Sittlichkeit« mit einem hohnvollen Gedicht attackiert. Er sah die Ursachen von sogenannter Unsittlichkeit »in sozialen Mißständen, in Armut, Ausbeutung, in der Wohnungsnot und anderem viel tiefer begründet als etwa in der Ausstellung einer Nudität im Schaufenster« und suchte, wie kurz darauf in seinem Theaterstück »Die Moral«, die Verlogenheit der Spießer zu demaskieren und anzuprangern. Der Jurist und Ex-Rechtsanwalt saß, 1906 schließlich wegen Beleidigung verurteilt, für sechs Wochen in Stadelheim ein.

Diese Realsatire konnte der Sensible nicht witzig nehmen. Erschüttert berichtet er in seinem Aufsatz »Der Mörder« von 1907 über die im Gefängnis sinnfällig erfahrene Doppelmoral von Staat und Gesellschaft auch im Punkt der Religion. Beim Hofgang als Gefangener sah er die offenstehende »Armesünderzelle« für die zum Tode Verurteilten, mit großem Kreuz an der Wand und einer Chaiselongue für den, die letzten Stunden mit Gebet begleitenden Kapuziner. »Wie es der Mann fertig bringt, die Mordtat des Staates mit den Lehren seiner Religion in Einklang zu bringen, weiß ich nicht. Der Kapuziner versichert, daß Gott ihm verzeiht, im Gegensatz zu den Menschen, die ihm den Kopf abhacken. An diesem Stück Mittelalter bin ich jeden Tag vorbeigegangen.«[28]

Thoma war wie Wilke ein mitfühlender Verteidiger der von der Gesellschaft in doppelzüngiger Härte Ausgestoßenen.

Von Gern nach der Sahara-Oase Biskra: Das Simpl-Radl-Team

Neben dem »Dienst« im »Simplicissimus« in gemeinsamem Protestgeist war die Redaktion aber auch Forum gemeinsamer privater Interessen und Neigungen. Das erste Simpl-Mitarbeiterteam war etwa gleichaltrig, das heißt jung, die meisten zwischen 1870 und 1880 geboren, der Umgang recht kameradschaftlich.

Männer vereint vor allem der Sport. Wilke, beachtliche einsneunzig groß, der eigentlich wie sein Vater Zimmerer hatte werden sollen, war gut in Turnen, Schwimmen, Ringen – und dem neuartigen Radsport. Ein Photo zeigt ihn, Thöny, Bruno Paul und Reznicek beim Radpolo, wo mit langen Schlägern zwei Mann gegen zwei Mann aufs gegnerische Tor gespielt und der Ball mit Vorder- oder Hinterradreifen abgewehrt wird[29].

Mit Thoma bricht Wilke vor allem zwischen 1901 und 1904 wiederholt von Gern aus zu vielen kleineren, aber auch unglaublich sportlichen Radtouren auf. Die Kondition dazu hatte der leidenschaftliche Jäger Thoma damals vielleicht nicht gerade in seinen Dachauer Jagdgebieten erübt, die er zeitweise mit Simpl-Verleger Langen zusammen gepachtet hatte. Aber er hat sie sicher bei den vielen strammen Hochgebirgs-Pirschtouren auf Gemsen und Hirsche als Gast seines Freundes (und Radsportclub-Mitglieds) Ludwig Ganghofer von der Tillfuß-Almhütte im Wetterstein aus erwerben können.

Gemeinsam radeln beide, wie Wilkes Vagabunden die Arbeit links liegen lassend, durch die malerische »Stimmungslandschaft« zwischen Gern und Dachau zur alten Wirkungsstätte Thomas (wo es übrigens seit 1878 einen Radfahrer-Sportclub gab, dem auch Thoma zugehörte). 1901 touren sie aber auch bis Bonn, von Thoma in einem Aufsatz »Eine Radfahrt durch das Neckarthal« beschrieben. Danach mit Paul, Thöny und Reznicek nach Italien. Mit Heine und Thöny zusammen machen Thoma und Wilke 1903 eine sechswöchige Radreise über Mailand, Monte Carlo an der Riviera, nach Florenz und zurück über die entlegensten Apennindörfer, wo die Tramps nicht wenig angestaunt werden.

Dabei wird außer Sport- auch intensiver Bildungsurlaub gemacht. Die Kunstwerke in den florentinischen Museen werden zwar nach dem Handbuch von Vasari studiert, aber auf eher »alternative« Weise und entgegen stur-banausischer Abarbeitung des allseits bekannten Baedekers. »Käsebiers Italienreise« ist Ludwig Thomas echt simplicianische, sarkastisch-saftige Frucht dieser Radltour mit der Beobachtung eines modischen, oberflächlichen deutschen Spieß-Bildungsbürgertum im gelobten Land der duftenden Zitronenblüten. Der weibliche Familienteil ertrinkt in kenntnisloser Schwärmerei – »Florenz ist wahnsinnig italienisch!« – und der prosaische Käsebier verweigert angesichts der Kunstfülle der Uffizien erschöpft die verordnete »Baedeker-Kur«: »Wir Berliner haben doch auch mächtig ville Maler, die en ordentliches Ende wegschmieren, aber ganze Stadtteile mit verkleckster Leinewand, halt mal 'n Hut auf – ich will ausspucken.« Daß in der Erzählung die (Ein)Bildungsblasen zuletzt dramatisch und blamabel platzen, ist Thoma ein Bedürfnis. Rudolf Wilkes Resonanz auf diesen Teil ihrer Reiseerfahrungen bezieht gleich noch die Spezies der übergelehrten Kunstprofessoren mit ein. Allerdings mußten in diesem langen »Arbeitsurlaub« laufend an die Simpl-Redaktion die fälligen Zeichnungen und Texte pünktlich überschickt werden. Für Wilke als dem faulsten der eigentliche Kraftakt der Reise, wie sich Thoma erinnert. Ihm mußte von den Freunden äußerstenfalls mit Wein- und Essensentzug gedroht werden.

Die aktuellen Beiträge wurden gebraucht. Schließlich hat Langen in diesem Jahr 1903 eine Radsport-Extraausgabe herausgegeben, der bei der eigenen Motorsport-Begeisterung des Verlegers 1905 freilich auch eine Simpl-Spezialnummer »Automobil-Sport« folgte. Von den sportlichen Herausforderungen abgesehen: Die neuentwickelten Verkehrsmittel waren eine Möglichkeit zu neuartigen Reiseerfahrungen und Landschaftserlebnisformen. Es mußte reizen, daß sich durch die andere Form der Fortbewegung und die Geschwindigkeitsveränderung die Sinnes-, vor allem die Seheindrücke veränderten. Man kann sich vorstellen, daß gerade Künstler dieser Aspekt zur Erprobung lockte.

Auch eine »sportlich« kühne Reise nach Italien hat zum Beispiel 1902 der Schriftsteller Otto Julius Bierbaum gewagt. Bierbaum war Herausgeber der berühmten jugendstilgeprägten Münchner Kunstzeitschrift »Pan«, hat eine Zeitlang in Gern / Nymphenburg, vorübergehend in der Wotanstraße, gewohnt und den Expeditionsplan

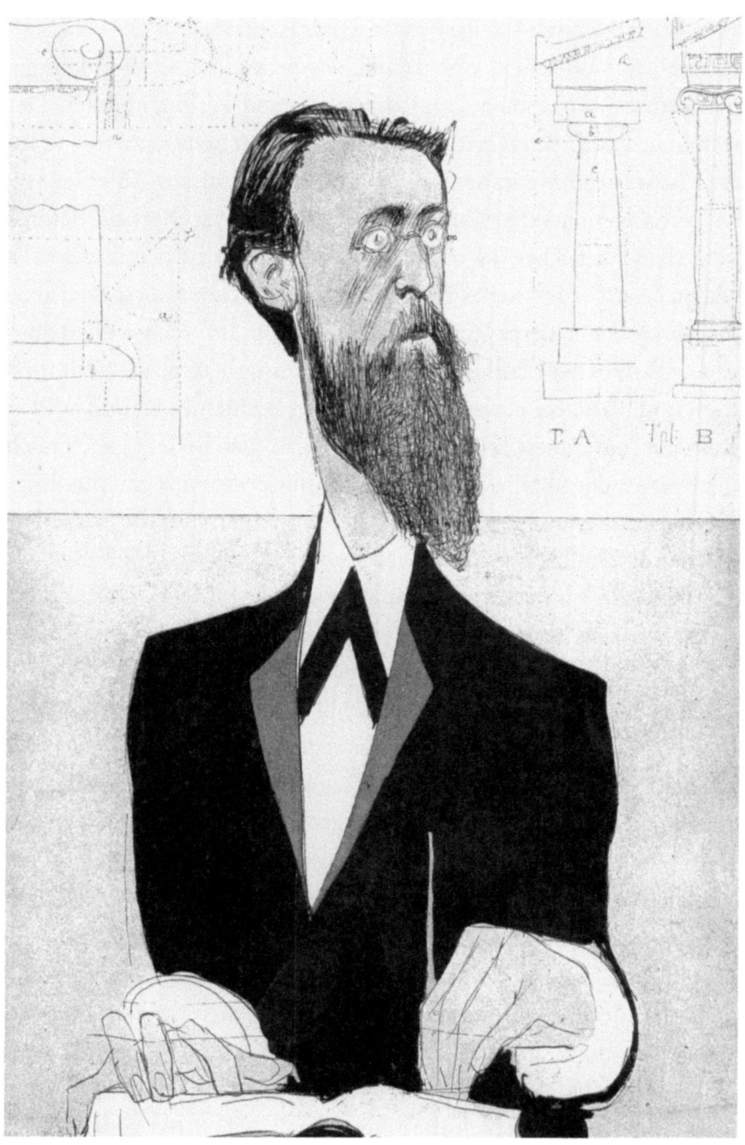

R. Wilke 1905: »Kunstgeschichte: ›Erst durch die Zusammensetzung des tetrastylen Tempels A plus dem pyknostylen Tempel B erfand der hellenistische Geist jene herrliche Spirale, welche wir mit rg bezeichnen.‹«

bei Spaziergängen im Nymphenburger Park ausgeheckt. Er allerdings fuhr experimentierfreudig mit dem Automobil oder »Laufwagen«, wie er ihn ironisierend nennt: in einem Adler-Phaeton mit 8 PS, bis 35 Stundenkilometer schnell und von einem reparaturerfahrenen Mechaniker chauffiert. Dabei war sein weises Motto schon »Lerne reisen ohne zu rasen«. »Eine empfindsame Reise mit dem Automobil« hat er, auf den Widerspruch anspielend, sein Buch in Ahnlehnung an Sternes Reisebuch aus dem 18. Jahrhundert betitelt. Bierbaum schrieb es in der Rolle des analysierenden, humorvollen Satirikers. 1903 erschien es als die erste Schilderung eines solchen Unternehmens in Deutschland – und ausdrücklich nicht als Sportbericht[30].

1904 wird es noch athletischer. Ohne Heine geht die Radexpedition Wilkes, Thomas und Thönys, den abenteuerlustigsten und konditionsstärksten Bikern des »Simplicissimus«, nach Algier und Tunesien. Dort gelingt es den Freunden nur mühsam, den Urbayern Thoma in seiner dort erweckten Begeisterung für exotische Frauen – er heiratet drei Jahre später die Philippinin Marietta di Rigardo – zur Rückkehr zu bewegen. Vom südlichsten Wendepunkt ihrer Nordafrika-Ralley, der Oase Biskra, schreibt Ludwig Thoma eine Postkarte in die bayerische Heimat: »Biskra, 17. 4. Heiß! Herrgott a Maß!! …«[31].

Der jugendlich-kraftvolle Aufbruch mit dem Rad als neuem Reisemittel, dem technischen Urahn des heutigen Mountain- oder Trekkingbikes, von der Wilhelm- Düll-Straße in Gern aus mit dem Fernziel Nordafrika war ungewöhnlich und verblüfft noch heute.

Aber er war vielleicht auch ein typischer Ausdruck für die euphorische Aufbruchsstimmung um die Wende zum 20. Jahrhundert, als man in die Weite einer neuen, glänzenden Zeit vorzustoßen glaubte.

Ab 1905 hat Thomas neuer Lebensabschnitt, die bevorstehende Heirat und der Hausbau auf der Tuften am Tegernsee, wohl weitere Radreisen verhindert. 1908 stirbt Rudolf Wilke, erst sechsunddreißgjährig. Er hatte kurz zuvor »Skizzen« und sein »Gesindel-Album« herausgegeben, zu dem Thoma das Vorwort schrieb. Mehr Zeit blieb nicht, aber, wie Thoma sich selbst zu trösten versucht: »Viele sind bei dem jungen Meister Rudolf in die Schule gegangen«.

Nur am Rande noch ein abrundendes Spotlight auf das Gerner »Sportmilieu«: Nur wenig später wurde hier eine der exclusivsten Sportarten überhaupt gespielt, nämlich Pferdepolo. Gleich hinter der Gerner Brauerei, jenseits des Würmkanals, lag der Austragungsort. Simplicianer hätten als Mitglieder ohnehin nicht dazugehört, der »Münchner Polo-Club« war 1909 von Kavallerieoffizieren gegründet worden. Das erste deutsch-britische Turnier war ein High-Society-Event, das zwar nicht den Prinzregenten selbst, aber eine Anzahl von Mitgliedern der königlichen Familie ins »Vergnügungsviertel« Gern lockte. Der Erste Weltkrieg beendete fünf Jahre später auch dieses Kapitel für immer.

Zum Bilderfälschen verführt: Lena Christ

Um noch bei der Wilhelm-Düll-Straße und der Verbindung mit Ludwig Thoma zu bleiben, der damals übrigens nicht nur zu Wilke kam, sondern auch an manchen privaten oder dienstlichen »konspirativen« Treffen mit Gerner und Nicht-Gerner Simpl-Kollegen in Teamchefs Heines nur wenig entferntem Hause teilnahm: Ein zweites bedeutendes bayerisches Erzählertalent lebte zeitweise ausgerechnet in der Wilhelm-Düll-Straße, nämlich Lena Christ. Sie wohnte nach ihrer zweiten Heirat 1912 mit ihrer Familie in der Wilhelm-Düll-Straße 5 bis 1914 und wechselte dann mit zweijähriger Unterbrechung bis kurz vor ihrem Selbstmord 1920 immer wieder ruhelos ihre Quartiere in Gern und Neuhausen.

Ihre erschütternde, ungeschminkt zeitdokumentarische Selbstbiographie »Erinnerungen einer Überflüssigen« war auf Vermittlung und Empfehlung von Ludwig Thoma im Albert Langen Verlag, an dem Thoma beteiligt war, 1912 erschienen. Thoma schätzte ihren Erstling, der sie bekannt machte, wegen seiner Ehrlichkeit »und der prägnanten Darstellung eines Münchner Bürgerlebens und des ländlichen Lebens«, eine Bewertung, die gerade aus seinem Mund sehr viel bedeutete. Er sorgte auch für weiterverbreitenden Nachdruck in

Literaturzeitschriften. Lena Christ ihrerseits war von Thomas »Lausbubengeschichten« so angesteckt, daß sie kurz nach ihrem Umzug in die Mansardenwohnung der Wilhelm-Düll-Straße dort einige eigene vitale »Streiche« ihrer sonst traurigen Kindheit als »Lausdirndlgeschichten« im Stil Thomas niederschrieb und veröffentlichte. Auch wenn man daraufhin neben Verrissen in der zeitgenössischen Kritik wohlwollend ein »Dreigestirn gepfefferten bayerischen Humors: Thoma, Queri und die Christ« am Literaturhimmel sah[32], das Bändchen war eher ein Leichtgewicht im Vergleich zu den anderen eigenständigen Erzählungen, in denen Lena Christ ihrem berühmten Kollegen Thoma ebenbürtig ist. Gerner Erlebnisse oder Gerner Milieus haben in Lena Christs Werk allerdings offenbar keinen expliziten Niederschlag gefunden. Sie hat dort gewohnt, ihre Welt war es nicht.

Fraglich, aber letztlich auch nebensächlich, wäre höchstens, ob es neben anderem das Malermilieu Gerns gewesen ist, das die Dichterin auf die verhängnisvolle Idee gebracht hat, in ihrer materiellen Not Signaturen von Bildern durch berühmtere Namen zu ersetzen, also zu fälschen. In ihrer überflüssig harten Reue nahm sie Gift. Mit einem letzten Brief hat sie sich nochmals an Thoma gewendet: »Wenn Sie diese Zeilen lesen, bin ich nicht mehr am Leben. Ich habe meinen Fehltritt freiwillig mit dem Opfer meines Lebens gesühnt, damit die Ehre meiner Kinder gewahrt bleibt. Leben Sie wohl, verehrter Gönner! Ihre unglückliche Lena Christ«[33].

Karl Arnold: Die Hakenkreuz-Pupille im Auge des Diktators

Um zum Thema Karikaturisten des »Simplicissimus« zurückzukehren, aber noch immer bei der Wilhelm-Düll-Straße zu bleiben: Karl Arnold, der vierte Gerner Simplicianer wohnte bis 1917 dort.

Arnold gehörte nicht zur allerersten Simpl-Mannschaft wie Heine, Paul und Wilke, aber sehr wohl zur ersten Garnitur. Er war erst 1907 dazugestoßen, kurz bevor Wilke, Reznicek und Langen fast inner-

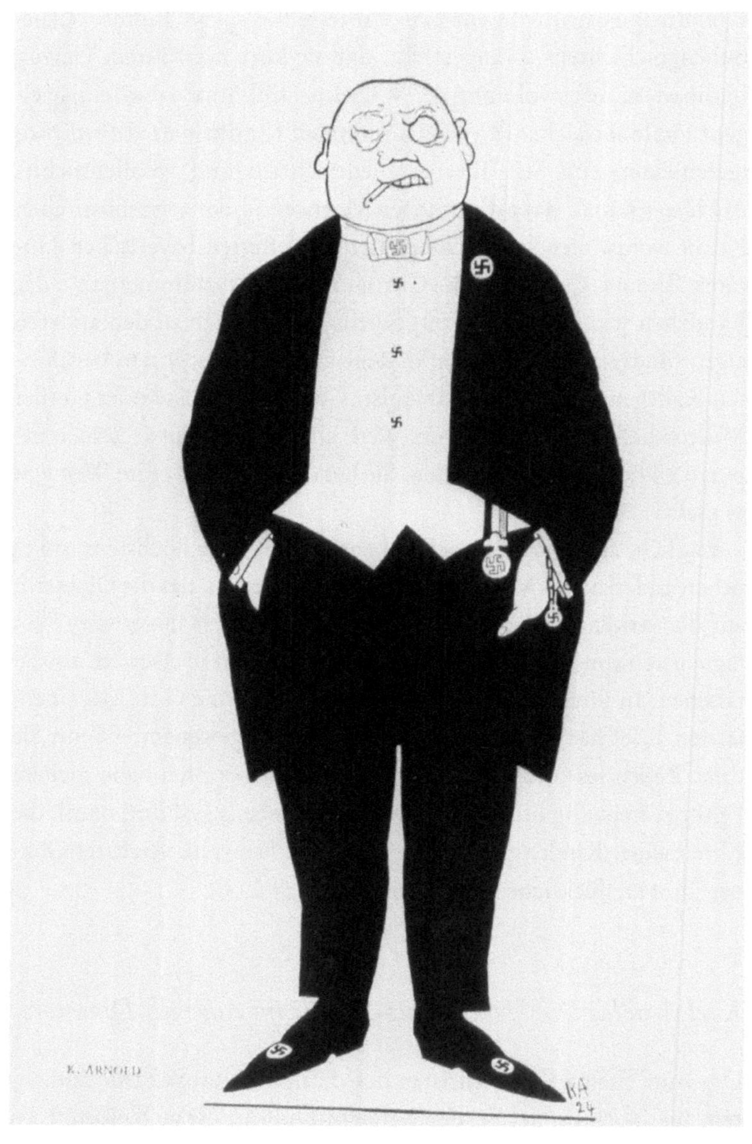

Früh greift Karl Arnold Hitlers Obsessionen auf und macht sie am Symbol des Hakenkreuzes fest, das er immer wieder variiert: »Der Rassemensch«, 1924.

halb eines Jahres starben. Karl Arnold (1883–1953) stammte aus Neustadt bei Coburg. Er war an der Münchner Kunstakademie ab 1901 unter anderem Schüler von Stuck, in derselben Klasse wie Kandinsky und Klee, und 1913 Gründungsmitglied der »Neuen Secession«. Arnold zog von Schwabing nach Gern und – nach dem Kriegsdienst seit 1915 – wohl 1917 etwas weiter nach Neuhausen.

Karl Arnold war Mitarbeiter bei den »Fliegenden Blättern« und der »Jugend«. Zusammen mit Olaf Gulbransson, der 1902 zum Simpl kam (und nach Wilkes Tod Thoma von den Simpl-Mitgliedern am nächsten stand), war er der langjährigste Mitarbeiter bis zum Ende der Satirezeitschrift 1944 und viele Jahre der quirlige »Motor« des »Simplicissimus« gewesen. »Von George Grosz hat er viele Anregungen empfangen. Sein Stil war eine Mischung aus Thüringerischem Feld-, Wald- und Wiesenhumor, unbekümmertem Schwabinger Budenzauber und der Schnippischkeit des Kurfürstendamms«, so wird Arnold unter anderem charakterisiert[34]. Zeichnerisch fand er sich in allen Sätteln zurecht, er charakterisierte echte Typen, ob altbayerisch oder preußisch, ländlich oder großstädtisch. Karl Arnold war ein hellsichtiger Kritiker der politischen und gesellschaftlichen Zustände. Vor 1933 hat er mit die kräftigsten Parodien auf Hitler gezeichnet, den er, wie die meisten in der Redaktion des Simpl, nicht sehr ernst nahm. Zum Beispiel bereits 1923 die berühmt gewordenen Hakenkreuz-Pupillen in den Augen des künftigen Diktators. Nach 1933 durfte der Simpl wegen seiner Berühmtheit zwar als einziges Satireblatt noch weiter existieren, aber die Bulldogge wurde entmündigt und zur Attrappe. Karl Arnold hat wie die anderen Mitarbeiter den erzwungenen Rückzug des einstigen Kampfblatts auf politisch ungefährliche Unterhaltung mitvollzogen.

Vom »Phosphor« zum neuen »Simplicissimus«: Mein Onkel Gerhardt Hentrich

Mit Karl Arnold kann zwar die »Chronik« der Wilhelm-Düll-Straße schließen, aber noch nicht ganz das Kapitel der Karikaturisten des Simpl in Gern. Auch mein Onkel Gerhardt Hentrich (1892–1973) war Kunstmaler, Graphiker und Karikaturist, unter anderem beim »Simplicissimus«[35].

Dieses »Nordlicht« war ebenfalls vom Glanz Münchens angelockt worden, allerdings als die Prinzregentenzeit gerade zu Ende ging. Er zog 1912 von Mühlhausen in Thüringen mit seiner verwitweten (begüterten) Mutter als Kolonist und angehender Künstler in die Tizianstraße 91, in das schon besichtigte übernächste Haus unseres Heilmannschen Vierspänners.

Seine Lehrer an der Münchner Kunstakademie waren der schon erwähnte Radierer und Graphiker Professor Peter von Halm aus der Malsenstraße, zum anderen vor allem der Maler Professor Hugo Freiherr von Habermann. Habermann war bekannt als hervorragender Porträtist, neben Stuck Präsident der Münchner Secession, ein Schüler von Piloty, aber auch Vertreter der Leibl- und der Dachauer Schule wie Diez. Er stand den Landschaftern der Freilichtmalerei im Übergang zum Impressionismus nahe. Der Kunststudent Hentrich wird mitten im Strudel der vielfältigen Stilrichtungen dieser Zeit geschwommen und entsprechend geschult worden sein. In seine Anfänge wirkte auch der Jugendstil mit hinein, der in der Malerei am stärksten die neuen orientalischen Einflüsse aufnahm, die auch Literatur und Musik erfaßten. Von Hentrichs Fingerübungen an asiatischen Vorbildern im Zuge der damaligen Strömung des »Japonismus« zeugt unter anderem noch sein exotischer Wandschirm mit Motiven Hokusais und Hiroshiges in unserem Wohnzimmer.

Doppelgleisig ausgerichtet war, gemäß den Studien, auch Hentrichs künftiges Werk. Als Maler ausschließlich spezialisiert auf Porträts, als Graphiker auf Illustration und Karikatur.

Als Gerhardt Hentrich 1918 sein Studium, unterbrochen von

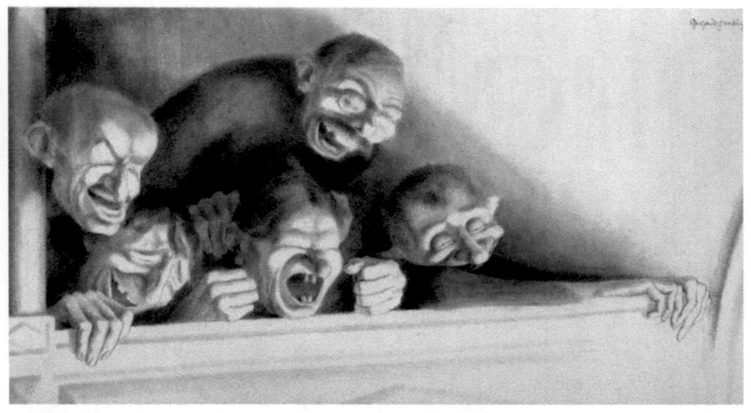

G. Hentrich 1919: »Juchheperspektive«. Johlende »Zuschauer« bei dem Theaterstück auf der Weltbühne über die Nöte und politischen Wirren in Deutschland nach dem Krieg. Eine von Hentrichs ersten veröffentlichten Zeichnungen (in der Satirezeitschrift »Phosphor«).

Kriegsdienst als Feldartillerist und Lazarettaufenthalt, abgeschlossen hatte, war mittlerweile die »gute alte Zeit« vorbei. Politisch war die Ära des wilhelminischen Kaiserreichs und der bayerischen Monarchie beendet, wirtschaftlich der Gründerzeitboom und in der Kunst die Glanzzeit. Das Leuchten Münchens – und der Ruhm des Simpl – verblaßte, Berlin rückte stattdessen auf.

Das Zeitfenster war schmal. Für einen nur wenig später geborenen Künstler, noch in der Boomepoche ausgebildet, waren die Arbeitsbedingungen in entscheidendem Wandel begriffen. Besonders für einen Anfänger waren Flexibilität und Fleiß zum künstlerischen Überleben jetzt ganz anders gefordert.

Der Kunstmarkt war angesichts der Niederlage Deutschlands und der wirtschaftlichen Not bescheiden geworden. Porträtaufträge dürften eher selten geworden sein. Hentrich wandte sich vor allem der Graphik zu, zunächst unter anderem als Mitarbeiter der Zeitschrift »Phosphor«.

Das 1918 neugegründete Satireblatt lag in Inhalt, Art und Stil stark auf der Simpl-Linie. Es wünschte, in den tiefen gesellschaftlichen und

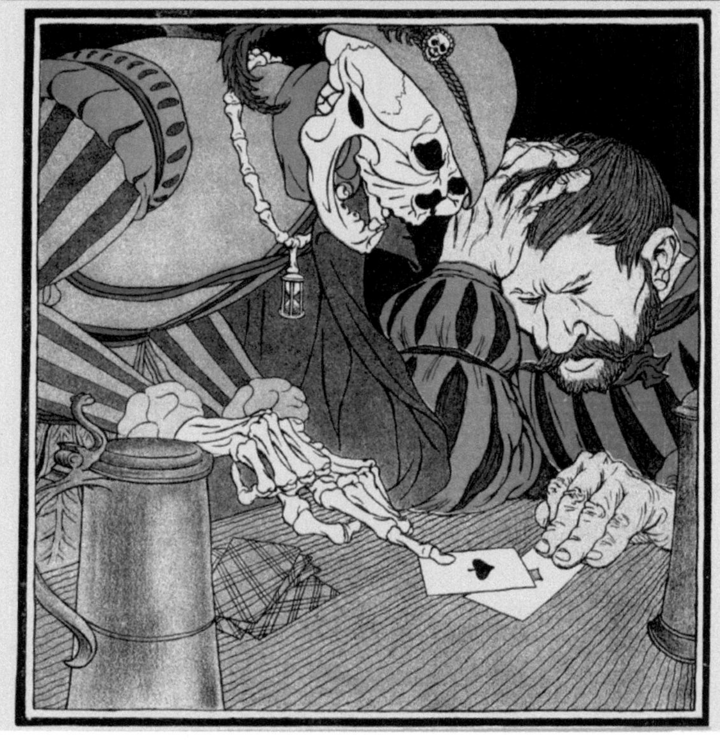

G. Hentrich 1920: »Das neckische Spiel«. Titelbild des »Phosphor« mit der Warnung an Deutschland, nicht kommunistisch zu wählen.

politischen Umbrüchen nach dem Krieg ein neuer, wegweisender »Lichtträger« = »Phosphoros« zu sein, der durch die Mittel der Satire die Verhältnisse spiegelt und damit erhellt. Wie der »Simplicissimus« wandte sich der »Phosphor« gegen die Härten und Demütigungen des von den Siegermächten diktierten Versailler Vertrags und die dadurch verschärfte Notlage Deutschlands, gegen Kriegsgewinnler und Schieber, gegen den aufkommenden Kommunismus und Bolschewismus. Hentrich startete seinen Beruf als politischer Karikaturist beim »Phosphor«, wohl so erfolgreich, daß ihm schon in Kürze häufig die Titelseiten übertragen wurden. Weshalb Gerhardt Hentrich nicht beim Simpl arbeitete – auch nicht nachdem der »Phosphor« bereits nach zwei Jahren 1920 eingestellt wurde – kann man nur vermuten. Zum »Phosphor« war Hentrich sicher durch zwei ehemalige Studienkollegen gekommen, die dort bereits einflußreich tätig waren. Offenbar verstand man sich als Neugruppierung »junger Wilder« in der deutschen Satireszene wie gut 20 Jahre zuvor der »Simplicissimus«. Der traditionsreiche Simpl hatte außerdem ab 1918 wirtschaftlich selbst sehr zu kämpfen. In den Wirren der Richtungskämpfe war der frühere Leserstamm breit aufgespalten worden, die vormalige Auflagenhöhe drastisch und dauerhaft zurückgegangen, Neueinstellungen über den Kern von sechs festen Mitarbeitern hinaus waren finanziell nicht opportun. Im übrigen lebte und arbeitete Th. Th. Heine seit 1919 nicht mehr benachbart in Gern, sondern am Ammersee, Karl Arnold war 1917 nach Neuhausen gezogen.

Sechzig Jahre Zeitgeschichte mit spitzem Stift

Neben dem »Phosphor« zeichnete und illustrierte Hentrich auch für die Zeitschrift »Jugend« und die »Fliegenden Blätter«. Das erforderte früh die variationsreiche Stil- und Themenbreite je nach Medium und dessen Zielrichtung, die Hentrich lebenslang benötigte. Für die große Politik scharfe, im Stil entweder holzschnitthaft oder surreal überhöhte, in dichten Federstrichen oder in wenigen großflächigen Linien gestaltete Karikaturen, von übermächtigen Simpl-Vorbildern geprägt. Gleichzeitig im gesellschafts- und sozialkritischen Bereich – vor allem in den »Fliegenden Blättern« – heiter-sarkastische Zeichnungen in Wilhelm-Busch-Manier, manchmal sogar auch mit Versen, und mehrteilige Bilderfolgen als eine Art erster Comic Serien. Dazu gemütlich-bayerische Rundschädeltypen mit einschlägi-

No. 3921
Band 153 (12)

Preis 1 Mark

Fliegende Blätter

München 17. September 1923

Alle Rechte vorbehalten.

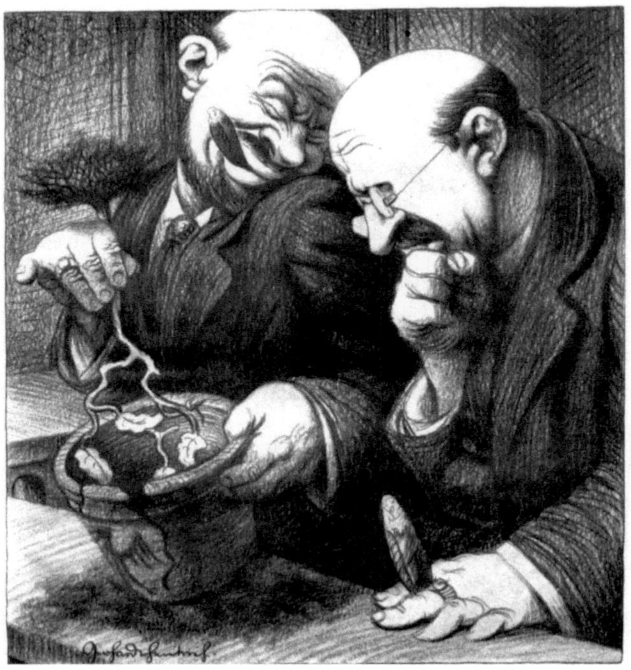

G. Hentrich 1923: »Unter Staatsmännern«, Titelbild der »Fliegenden Blätter«. Deutschland kann unter den Versailler Friedensvertragsbedingungen so wenig gedeihen wie eine umgekehrt eingetopfte Pflanze.

ger Weltsicht sowie allgemeine Illustrationen verschiedenster Art für die Literaturteile von Zeitschriften oder Zeitungen.

Außerdem entwarf Gerhardt Hentrich ab 1922 Werbegraphiken, Plakate, Labels, Inserate etc. zum Beispiel für die Weinbrand-Firma Canthal, für Zigaretten- oder Biermarken. Für Illustratoren war damals die Werbegraphik ein begehrtes und geachtetes neues Arbeitsfeld. Ein Simplicianer wie Th. Th. Heine zum Beispiel stellte seine berühmte Feder in den Dienst der Sektmarke Feist-Henkell – das Teufelspärchen mit Sekt und Mops war z. B. hierfür entworfen –, Kollege Olaf Gulbranson in den der Faber-Castell-Bleistifte[36]. Selbst der Bildhauer Mathias Gasteiger fertigte in den 20er-Jahren Reklameentwürfe für Modeartikel, Bier oder Lebensmittel wie »Kathreiners Malzkaffee«. Noch viel später in den 60er-Jahren machte Loriot für Scharlachberg Weinbrand Werbung im »Simplicissimus«.

Als auch die Epoche der »Jugend« und der »Fliegenden Blätter« 1927 beziehungsweise 1928 endgültig vorbei war, illustrierte Hentrich in Kultur- und Literatur-Wochenbeilagen der großen Münchner Zeitungen und – nachdem er eine der vier nachbarschaftlichen Majorstöchter aus der Kratzerstraße, meine Tante, 1927 geheiratet hatte – auch einiger Zeitungen der Münchner Region, die sein Schwager herausgab.

Trotz seiner thüringischen Herkunft war Hentrich als »Zuagroaster« auch in der Darstellung von Szenen und Typen sowohl im bay-

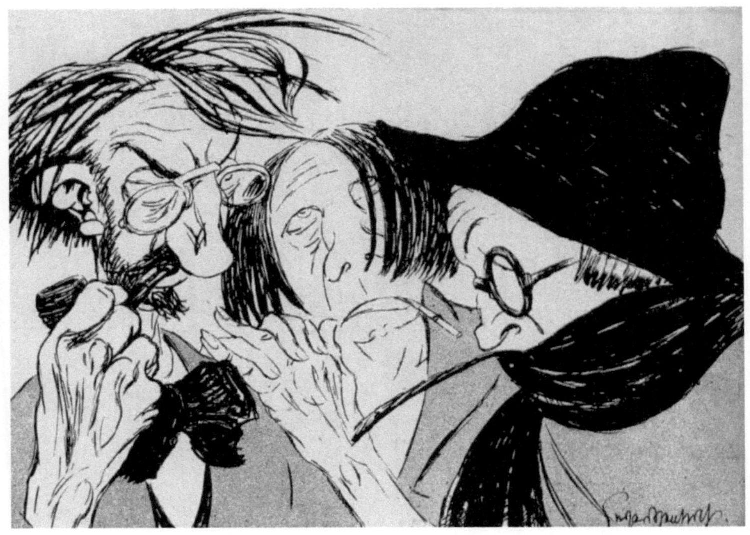

G. Hentrich 1919: »Die Schwabinger: ›Mit der Kunst wars nischt, mit dem Kommunismus wars nischt, was nu?‹«, in »Jugend«, Heft 37.

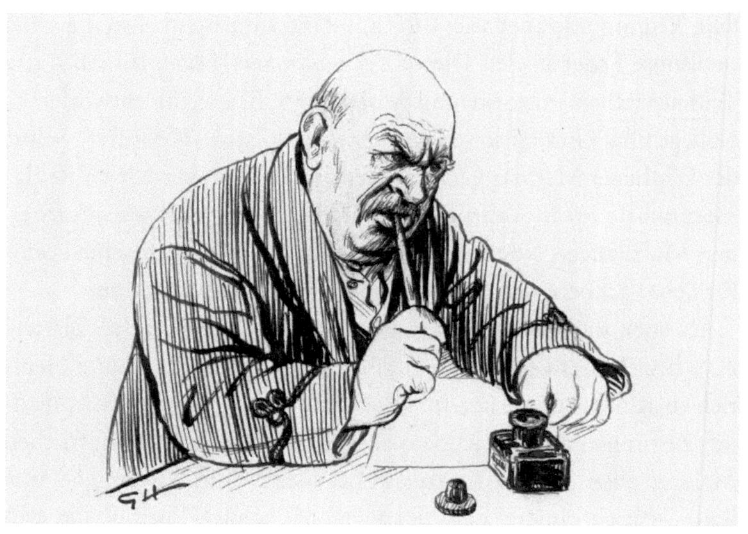

G. Hentrich, 1940, Buchillustration: Dimpflmoser.

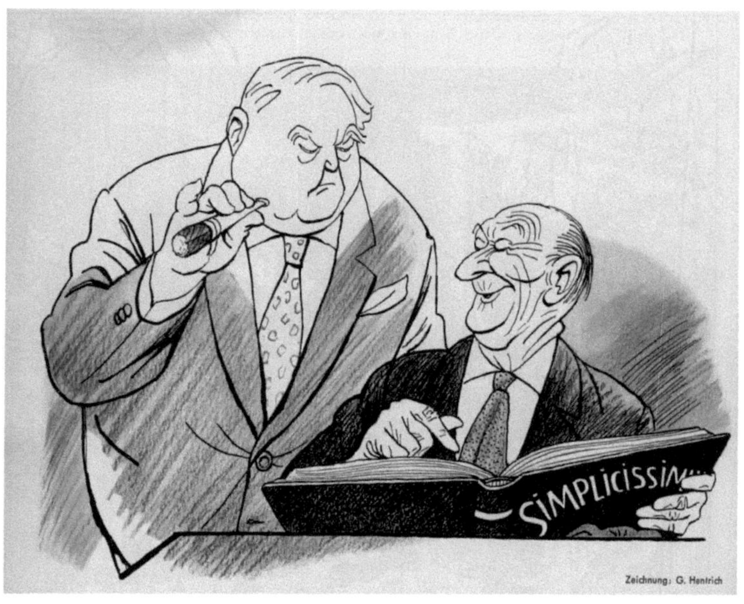

G. Hentrich: Adenauer zum Stabwechsel der Bundeskanzlerschaft: »… aber hier werden Sie meinen Platz dann bestimmt jut ausfüllen, lieber Herr Erhard.«, in »Simplicissimus« 1963.

erisch-bäuerlichen Raum wie im münchnerischen Stadtmilieu bestens geübt. So schuf er für eine Zeitungsserie sowie mit den Illustrationen für das 1940 herausgegebene, immer wieder als »unsterblich« aufgelegte Buch Willy Vierlingers mit der Figur des »Dimpflmoser« den idealtypischen Münchner Grantler. Ein direkter Vorläufer des »Herrn Hirnbeiß« der Franziska Bilek in der »Abendzeitung« der 50er-Jahre. Im weitesten Sinn als Verkörperung von engem Spießer und Durchschnittsmensch vielleicht sogar verwandt mit den heutigen – allerdings als »allerweltmännische« Typen dargestellten – Knollennasenmännern Loriots.

Nach dem Zweiten Weltkrieg trat zu Zeitungsillustrationen und Werbung für Hentrich noch das Entwerfen zahlreicher Filmplakate und endlich wieder die politisch-gesellschaftskritische Karikatur. Nach zehnjähriger Pause hatte der »Simplicissimus« 1954 neuen Anlauf genommen. Er versuchte mit einigen »Ehemaligen« des »alten« Simpl oder deren Meisterschülern wie Meyer-Brockmann, Kriesch, Radler, Sauer und Oesterle plus einigen der besten Zeichner der ganz jungen Generation wie Horst Haitzinger oder Wigg Siegl den einstigen Ruhm der bedeutendsten Satirezeitschrift Deutschlands wiederzubeleben.

Von den sechs im Impressum vertretenen Mitarbeitern stammte nur Gerhardt Hentrich nicht aus der »alten« Simpl-Crew – und er wohnte als einziger noch in Gern, das längst kein Maler- und Karikaturistennest mehr war.

Qualitativ genoß der »neue« Simpl den besten Ruf, »erzielte« sogar einige zahme politische und Sex-Skandale, die übrigens Hentrich ihrerseits jeweils zeichnerisch ironisierte. Zum Beispiel wetterte 1957 der bayerische Minister Alois Hundhammer, über 20 Jahre lang in seinen Ämtern ein Bollwerk des Erzkonservativismus, daß der »Simplicissimus« mit »Zweideutigkeiten und Zoten in weitem Umfang angefüllt« sei und die jüngsten Karikaturen zu Fronleichnams- und Pfingstfest eine »Verhöhnung der Katholiken« darstellten. Aber es gab keine nachhaltige Polarisierung. Selbst der schärfste Biß der roten Bulldogge war letztlich wirkungslos geworden, ging der Nachkriegsgesellschaft nicht mehr unter die Haut. Nicht zuletzt durch den Konkurrenzdruck neuerer Medien wie dem Fernsehen scheiterte schließlich 1967 der Versuch des »Simplicissimus« endgültig. Die Karikatur nahm mit den modernen Satireblättern für nur noch kleine, spezielle Gesellschaftsgruppen wie »Titanic« und »Pardon« auch eine andere Richtung, sie bezog Nonsens und Schwarzen Humor als neue Elemente ein. Rund 800 Zeichnungen hat Gerhardt Hentrich in diesen 13 Jahren für den Simpl geliefert, zu den Themen, die damals die Welt und die Zeichenstifte der Simpl-Karikaturisten bewegten: der Kalte Krieg, Atomwettrüstung und Weltraumfahrt, Adenauer und Erhard, Wirtschaftswunder und Vollbeschäftigung, das geteilte Deutschland, Ulbricht und Chruschtschow, der Anbruch der Fernsehära, die Pillenrevolution und auch viel Zeitlos-Allzumenschliches wie Sport-, Reise- oder Konsummoden.

Mein Onkel hat selten gelacht. Er war eher spöttisch distanziert als heiter, illusionslos lebensskeptisch, aber auf gelassene Art. Ein zurückgezogen lebender, aber aufmerksamer Beobachter der Weltszenerie. Seine Karikaturen waren weniger politisch aggressiv, sondern zeigten in vielen Facetten, wie sowohl Politiker als auch Durchschnittsbürger im gegebenen politisch-sozialen Raum in aller Widersprüchlichkeit und Banalität so tickten.

1973 starb Gerhardt Hentrich 81-jährig in seinem Gerner Atelierhaus in der Tizianstraße, in dem er über 60 Jahre gelebt, gezeichnet und gemalt hatte. Ein weiter Bogen eines langen Arbeitslebens.

Es reicht in einer einzigen Künstlergeneration, in vieler Hinsicht stellvertretend und beispielhaft, von der »guten alten« Prinzregentenzeit und der deutschen Kaiserzeit über zwei Weltkriege mit ihren Katastrophen und Umwälzungen bis über die Achtundsechziger-Ära hinaus. Der Bogen führt in der Technik von den Anfängen des Rad- und Autosports bis in das Zeitalter der Raumfahrt. Er spannt sich kunststilistisch von den opulenten, noch in der Tradition von Lithographie und Holzschnitt stehenden Karikaturen der »Jugend« oder des alten »Simpls« in Hentrichs Anfängen durch immer stärkere Ab-

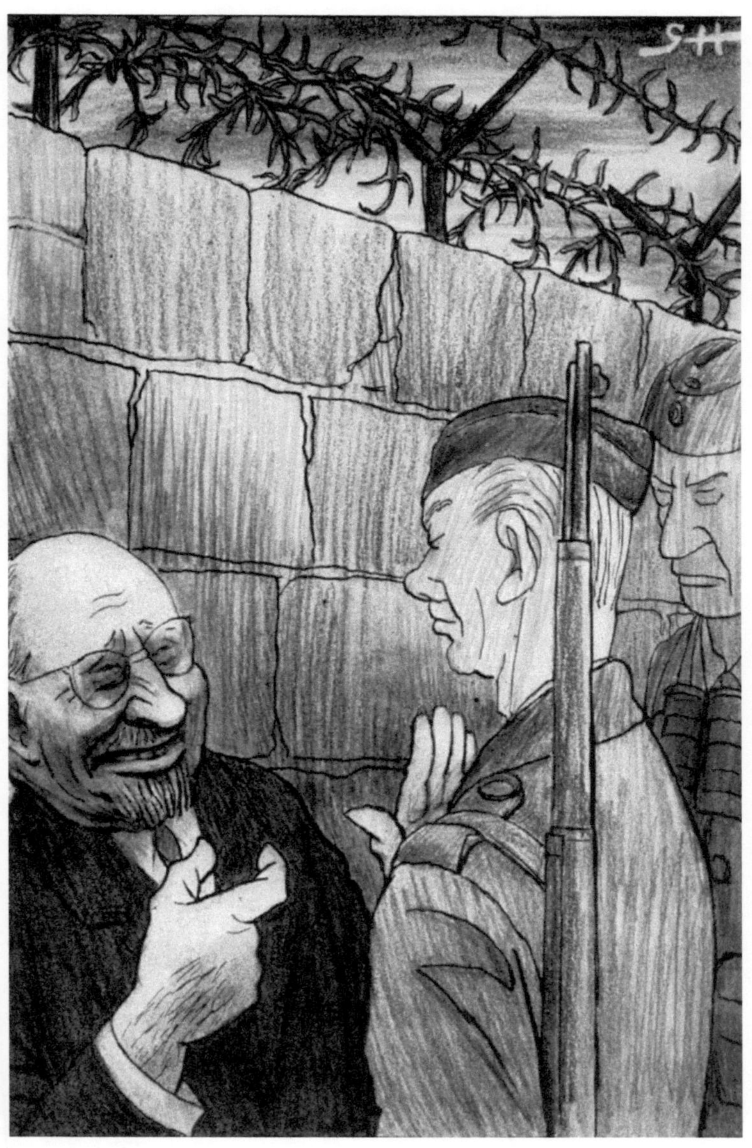

G. Hentrich: »Ulbricht mauert: Immer scheen bräzise über Gimme und Gorn, Gamerad – sonst gommen die doch noch.« in »Simplicissimus« 1966.

magerung bis zu den sparsam- sachlichen und immer zeichenhafteren Karikaturformen der Moderne.

Von seinen Auftragsporträts ist verständlicherweise wenig im Nachlaß erhalten. In Zeitungsartikeln zu seinem 75. Geburtstag wird Gerhardt Hentrich aber auch als Porträtmaler, der sich einen Namen gemacht habe, gewürdigt.

8.
ALLZU GERN IN GERN: HEUTE EIN GESUCHTES TOP-WOHNVIERTEL

Mit dem Ende des Simplicianer-Kapitels ist man auch zurück in der Tizianstraße und am Ende des kleinen Rundgangs durch Gern auf meinen alten Wegen.

Die baugeschichtlichen Anfänge des Viertels waren eine Münchner Besonderheit in einer einmalig dynamischen und kreativen, aber relativ kurzen Epoche. Schon bald nach 1900 war der Bau der »Familienhäuser-Colonie« Gern abgeschlossen worden, der ältesten Wohnanlage dieser Art in München. Sie hatte Reihenhäuser statt für Arbeiter für den Mittelstand neukreiert und sie mit großbürgerlichen Villen durchsetzt. Sie verband konservative Gediegenheit mit lockerem Künstlerflair, städtischen Komfort mit Naturhaftigkeit, rationelle Serienplanung mit ideenreicher Ästhetik zu einer neuartigen und einmaligen Mischung. Deren verbliebene »Bruchstücke« machen noch heute den besonderen Wohncharme dieses Viertels aus.

Nach 1900 war der Wohnungsbaumarkt zumindest für die wohlhabendere Kundschaft schon übersättigt. Nicht nur die Firma Heilmann und Littmann, auch andere »Terraingesellschaften« hatten zur Boomzeit im Umkreis der wachsenden deutschen Großstädte, so auch in München, Grund gekauft und in rascher Folge Landhaus- und Villensiedlungen errichtet. Da war im Münchner Westen z.B. noch August Exter. Der hatte 1892 gleichzeitig mit Heilmann zunächst in Gern projektiert, war dann der mächtigeren Konkurrenz gewichen und hatte Einfamilienhäuser- Kolonien, denn die Reihenhausidee lehnte er zunächst ab, in Pasing gegründet. Auf Exter wird nochmals zurückzukommen sein.

Unter dem Druck der allgemeinen deutschen Wirtschaftskrise kriselte die Bautätigkeit auch in den vornehmen Vierteln, in denen Heilmanns Baugesellschaft neben dem Gerner Projekt meistens in großem Stil an Erschließung und Errichtung beteiligt war. Sie baute ebenso die Prinz-Ludwig-Höhe wie in Solln, Harlaching, Hadern, Feldafing am Starnbergersee wie u.a. am Herzogpark. Aber die Gründerzeit ging zu Ende. Thomas Mann schildert aus eigener Erfahrung als Hausbesitzer in einem neubegonnenen Villenviertel die damalige typische Situation.

Denn die Manns wohnten seit 1914 in der Poschingerstraße 1 im Herzogpark, gegründet von Heilmanns »Terraingesellschaft Herzogpark München – Gern«.

In seiner Erzählung »Herr und Hund« heißt es: »Man hat weit geschaut, kühn geplant ... hatte es anders, großartiger nämlich ... im Sinne gehabt, als es denn kam ...« Die großzügige Anlage, die nach Uferbauten, weitflächiger Rodung, Aufschüttung und geometrischer Gliederung mit kultivierter Anpflanzung und »splendiden« Straßenzügen ausgestattet wurde, sei seit langem leer, »denn die Villen, die nach Berechnung und Absicht der Sozietät längst freundlich an ihnen prangen müßten, sind vorderhand ausgeblieben, obgleich doch ich mit so gutem Beispiel vorangegangen bin und mein Haus in dieser Gegend gebaut habe. Sie sind, sage ich, ausgeblieben seit zehn, seit fünfzehn Jahren ...«[37].

Treffende Reflexionen zur Stadtentwicklungsgeschichte Münchens noch als Nebenprodukt seiner Spaziergänge – besser seines Gassigehens als Herrchen mit Hund Bauschan. Und eingegangen in die Literatur. Typisch Thomas Mann.

Der große Wandel

Mit Weltwirtschaftskrise, Börsenkrach und Inflation in der Zeit nach 1918 verschwanden viele der Vergnügungsstätten, die Nymphenburg und Gern in den vergangenen besseren Zeiten zu Ausflugszielen gemacht hatten. Die besondere Konzentration von Künstlern in Gern nahm rasch ab, nachdem Berlin statt München zur neuen »Kulturhauptstadt« in Deutschland aufstieg. Der Typus Gerns wechselte vom Künstler- zum »normalen« Wohnviertel.

Nach dem Zweiten Weltkrieg, der auch Gern schwer zerstörte, blieben kaum die Hälfte der 47 Ateliers erhalten. Vieles wurde abgerissen oder umgewidmet. Die Bombenlücken des Zweiten Weltkriegs wurden »zeitgemäß« gefüllt, Verbliebenes mehr oder weniger gelungen modernisiert.

Das deutsche Wirtschaftswunder machte die letzten großen Freiflächen Gerns zum Bauland. Zum Beispiel an der Tizianstraße kurz hinter der Gerner Straße Richtung Nymphenburg war die riesige »Ballaufwiese«, die dem letzten Bauern von Gern gehörte, noch bis dahin Schafweidegrund gewesen. Von dem hatte man im Sommer den exzellenten Naturdünger für die Gerner Gärten, auch für unser Rosenbeet, bezogen. Und auf diese Wiese hatten im Winter die guten Gerner Hausfrauen wie meine Großmutter per Schlitten die Perserteppiche zum »Farbauffrischen« und gründlichen Reinigen durch Klopfen im Schnee transportieren lassen.

Nach dem Krieg waren auf einem Teil der Wiese viele Jahre lange Zeilen von Flüchtlingsbaracken gestanden. Nun wurde die Fläche zwischen Gern und Nymphenburg, dem Schloß- und dem Würmkanal allmählich nahtlos mit damals modernen Villen und Häuseranlagen vom Feinsten geschlossen. Sogar ein bayerischer Minister und die Schwiegermutter des Schahs von Persien, die Mutter Sorajas, zogen zu unserem Staunen zu. In einigen Nobelvillen ganz ohne Namensschild vermuteten wir noch viel bedeutendere »VIPs«.

Auch der alte Teil des Viertels wurde trotz aller neuen vergleichsweisen »Kariertheit« mit der Zeit immer teurer und »in«, die großen Villen vor allem bei Architekten, Rechtsanwälten und anderen Berufen, die Wohn- und Arbeitsräume verbinden können. Die Bewohner schichteten entsprechend rasch um, ich persönlich kenne nur noch einen einzigen Nachkommen aus den Familien der Alteingesessenen, der vor Ort geblieben ist.

Daß angesichts der Spekulations-Abrisse ab Ende der 60er-Jahre Gern nicht der Rest gegeben wurde, haben Bürgerproteste verhindert und bewirkt, daß die meisten historischen Häuser des Viertels seit 1979 unter Denkmal- bzw. Ensembleschutz stehen. Immerhin.

Zurückgekehrt also in die Tizianstraße, wo diese in die Waisenhausstraße mündet, kann einen die U-Bahn seit 1998 wirklich im Nu ins Trubelzentrum der Stadt bringen. Im Punkt öffentliche Verkehrsanbindung Gerns seit 1900 sicher ein epochaler Fortschritt. Eine historische »Rennstrecke« von uns Gernern war die Tizianstraße aber auch schon zur Zeit der Trambahn. Rennen, wenn man die »Vierer« unbedingt erwischen wollte, weil es »in die Stadt« ohnehin lange genug dauerte. Als der Schulweg mich nicht mehr täglich den Kanal entlang nach Nymphenburg, sondern inzwischen das Studium in ziemlich genau entgegengesetzer Richtung an die Universität führte, habe ich die Entfernung von unserem Haus zur Haltestelle immer genau kalkuliert, nur war die heimtückische »Vierer« manchmal schneller.

Und dann schien die nächste Straßenbahn an der Wendeschleife Westfriedhof erst einmal eine »Ewige Ruhe«-Pause eingelegt zu haben, bis sie gnädig kam.

Bei der dekorativen Gestaltung der U-Bahn Haltestelle Gern hat man übrigens die städtebauliche Einmaligkeit der »Familienhäuser-Colonie« in München gewürdigt. Man hat sie zum Thema gewählt und sie mit Ensemble-Entwürfen der Architekten, alten Ansichten, Erläuterungen zur Gründungsgeschichte und Heilmanns Maximen für die Fahrgäste »er-fahrbar« und erinnerlich zu machen versucht. Das ursprüngliche, in der Wirklichkeit so gewandelte Gern ist, in den Untergrund getaucht, dort auf Acryltafeln wieder erstanden. Paradoxien, aber … immerhin.

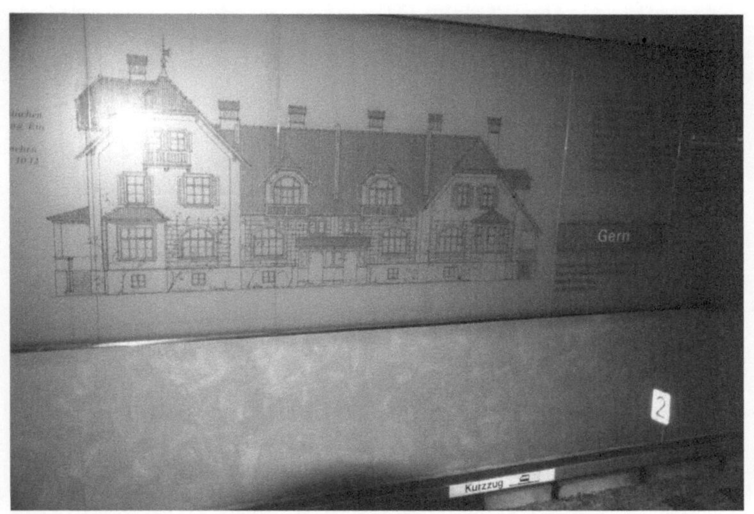

Die U-Bahn Haltestelle Gern mit Ansichten des baugeschichtlich einmaligen Viertels.

9.

KIRCHWEG NACH NEUHAUSEN: HERZ-JESU – STATT TURNFESTHALLE EIN FUTURISTISCHER SAKRALBAU

Der sonn- und feiertägliche Weg zur Kirche führte mich viele Kinderjahre lang durch die Gerner Straße über die Kanalbrücke und die Renata- und Winthirstraße geradeaus zur Herz-Jesu-Kirche Ecke Lachnerstraße nach Neuhausen. Eigentlich hatten die Gerner Katholiken seit 1958 mit der 1955 gebauten Laurentiuskirche in der Nürnberger Straße 34 eine nähere Pfarrkirche, nachdem die Herz-Jesu-Pfarrei übergroß geworden war. Doch die Eltern hatten in dieser Kirche geheiratet und die Familie blieb in dieser Tradition. Wer nicht die U-Bahn an der Gerner Haltestelle bis zum Rotkreuzplatz nimmt oder das Auto zur Kirche nachführt, dem vermittelt der Fußweg von Gern hierher schon einen ersten Einblick in die Andersartigkeit und Vielgestaltigkeit des Neuhauser Viertels. Nach der Kanalbrücke zur Linken z. B. steht ansehnliche, aber dichte Mietshausbebauung, nach rechts in die Querstraßen hinein Richtung Nymphenburg sieht man den Beginn der parkstadtähnlichen großbürgerlichen Einzelvillenkolonie von »Rondell Neuwittelsbach«.

In 50 Jahren hatte sich die Bevölkerungszahl von Neuhausen bis 1890 verdreißigfacht. Das billige unverbaute Land an der Stadtgrenze hatte Entwicklungsflächen für eine Reihe von Großbrauereien wie Spaten, Pschorr, Löwenbräu geboten, die sich mit ihren Bierkellern an der »Hangkante« der Isarterrasse um den Stiglmaierplatz und »Galgenberg« ansiedelten. Es gab Platz für die Eisenbahnanlagen im Bereich Hackerbrücke mit dazugehörigen Wohnquartieren für die Industriearbeiter, und für die Ausdehnung der Kasernen- und anderer Militärbauten zu einem eigenen großen Viertel beim heutigen Olympiagelände.

Das Neuhausen der Gründerzeit boomte explosiv, in unentwegter Bautätigkeit entstand aber auch die Infrastruktur, Schulen und Kirchen und soziale und medizinische Einrichtungen: das »Ludwig-Ferdinand-Heim« 1881 als Kinderasyl unter prinzlichem Protektorat rechts der Winthirstraße kurz vor unserem Ziel, das Waisenhaus am Kanalende hinter dem Hubertusbrunnen oder die damals beispielhaft moderne Lachner-Kinderklinik 1907. Außerdem Sportstätten wie das Dantestadion und -bad, der Westfriedhof, darüber hinaus neue experimentelle Siedlungen wie 1924–29 der Wohnpark Borstei[38].

… und ein Abstecher zum gotischen Winthirkircherl als Kontrast

Die wenigen Schritte über die Abzweigung zur Herz-Jesu-Kirche zunächst hinaus, die Straße etwas weiter noch entlang zum spätgotischen Winthirkircherl, werden nicht reuen. Schließlich ist es das älteste erhaltene Gebäude des ehemaligen Dorfes Neuhausen, das wie schon gesagt an der über München nach Augsburg führenden Handels- und Salzstraße lag. Mit der Gerner- und Winthirstraße hierher ist man ja ein Stückchen weit dieser historischen Route gefolgt.

Winthir soll möglicherweise Maultiertreiber, also im Salzsäumerhandel tätig gewesen sein und dann auf dem kleinen Hügel hier als predigender »Eremit« vermutlich im 11. Jahrhundert gelebt haben. Erst wurde ihm an der Stelle seiner Klause eine hölzerne Kapelle, Ende des 15. Jahrhunderts ein gotisches Dorfkirchlein gebaut, das sein Grab unter einer Linde ins Innere einbezog.

Nach wissenschaftlicher Untersuchung seiner Gebeine von 1932 soll er 1,92 Meter groß gewesen sein, für die damalige Zeit ein Riese, vielleicht an Körpergröße vergleichbar dem Heiligen Christophorus. Der hat es allerdings zu größeren kirchlichen Ehren gebracht, Winthir ist aber immerhin seliggesprochen.

Der gotische Chor im Osten ist erhalten, der Turm seit seinem Einsturz im Jahr 1933 wieder erneuert[39]. Die Kirchhofmauer umfriedet wirklich noch immer eine kleine Oase von besonderer Atmosphäre, uns altvertraut, denn wir schauten hier auch ohne Anlaß gerne vorbei. Bis nach der Wende zum 20. Jahrhundert ist der Kirchhügel von ländlichen kleinen Häusern umgeben gewesen, solange man hier steht, kann man sich das vorstellen.

Fast die ganze Miller-Dynastie liegt auf diesem Friedhof begraben, wozu auch der Erzgießer und Bildhauer Stiglmaier rechnet. Oskar von Millers Gruft trägt das Wappen des Deutschen Museums, das er gegründet hat. Nur Ferdinand von Miller der Ältere, der die Bavaria und das Tor des Kapitols in Washington goß, liegt auf dem Alten Südlichen Friedhof. Die Literatur ist mit dem Erzähler Peter Dörfler vertreten, ein poetisches Brünnerl erinnert an ihn.

Als das Winthirkircherl durch den Bevölkerungssprung recht plötzlich zu klein war, wurde wenig entfernt in der Lachnerstraße 1890 die große Herz-Jesu-Kirche errichtet, kurz bevor gleich noch die St. Benno-Kirche als dritte dazukam. Die Baugrundstücke waren fromme Spenden, im Fall der Benno-Kirche Millers Dank für den geglückten Bavariaguß. Für den soeben eingemeindeten Neuzugang Neuhausen standen die finanziellen Honigtöpfe der Stadt München aber nicht unbedingt bereit.

Die Herz-Jesu-Kirche war daher eine pragmatische Sparlösung. Sie bestand nämlich aus der hölzernen Festhalle des VII. Deutschen Turnfests auf der Theresienwiese, nach Gebrauch 1890 hierher transloziert und umfassoniert für die neue geistliche statt körperliche Bestimmung.

Und nochmals der gleiche Coup: Als die Kirche 1944 durch Bomben abbrannte, war diesmal gerade das Kino für die SS-Wachmannschaften am Obersalzberg bei Berchtesgaden im Angebot. Die Holzkonstruktion wurde dort abgebrochen und secondhand als nun zweite Herz-Jesu-Kirche 1951 eingeweiht. Sie war eine der größten Kirchen Münchens und eine der anspruchlosesten. Nur wenn zur Mitternachtsmette die Lichter bis auf die Christbäume ausgingen, störte einmal im Jahr ihre Kahlheit nicht.

1994 brannte sie eines Nachts ab und die dritte Herz-Jesu-Kirche wurde ein kostbarer Prachtbau, ein architektonischer Knüller aus dem Jahr 2000. Ihn und den Kontrast zum gotischen Dorfkircherl kann man sich doch nicht entgehen lassen.

Die Kirche hat zwei Hüllen, aus Glas und aus Holz. Die gesamte 14 Meter hohe Glasfront kann zu hohen Festen als Portal hydraulisch zur Seite gleiten. Die Frontfassade ist aus blauem Glas, mit Texten aus der Johannespassion in einem eigens dafür aus Nagelmotiven gebildeten Alphabet, das wie Keilschrift wirkt. Je nach Lichteinfall erkennt man, die Schrift überlagernd, ein monumentales Kreuz, das mit dem Kreuz auf goldfarbigem Metallgewebe an der Altarwand im Kircheninneren korrespondiert. Wie bei einem Kristall sind rund um den Altar die Glaswände undurchsichtig, zu Empore und Eingang zu immer transparenter. Die natürliche Beleuchtung wechselt mit Tageszeit und Wetter.

Wände aus Ahornholzlamellen bilden den eigentlichen Kirchenraum. Im Umgang zwischen den beiden Raumhüllen bilden 14 Photos von der Via Dolorosa in Jerusalem die Kreuzwegstationen. Die fünf Wunden des Herzens Jesu werden auf farbigen Glasplatten in beleuchteten Bodenvertiefungen angedeutet. Der mit einem Metallnetz verkleidete Turm steht separat. »Paradisi Gloria« heißt eine Konzertreihe, früher häufig in dem auch akustisch gelungenen Kirchenraum aufgeführt, und beim Hören fand ich, dies trifft das Ganze.

10.
UNTER DER BAYERISCHEN GNADENSONNE IN NYMPHENBURG: DIE HOFNONNEN DER WITTELSBACHER

Mein roter Lebensfaden führte mich natürlich damals nach der Sonntagsmesse von dieser Stelle wieder nach Hause und am nächsten Montagmorgen kanalaufwärts zum »Institut der Englischen Fräulein Nymphenburg« am rechten Ende des Schloßrondells zur Schule.

Zum Schloß geht es von hier entweder mit der Straßenbahn (von dem reizenden Trambahnhäuschen-Fossil auf der Straßeninsel Kreuzung Lachner- / Nymphenburger Straße aus) durch die Romanstraße bis zur Haltestelle an der oberen Kanalbrücke oder mit dem Auto die Südliche Auffahrtsallee hinauf. Dann an der südlichen Seite des Schloßrondells entlang – vielleicht mit Einkehr in das thematisch passende Restaurant »Schwaige« – und zu Fuß zur Schloßmitte, von der man die bauliche Gesamtanlage zentral überblickt.

Das bayerische Herrscherhaus und die »Englischen Fräulein« mit ihrer Schule standen seit den Anfängen des Ordens im 17. Jahrhundert ja nicht nur in bleibend enger Verbindung. Auch räumlich gehörte die Nymphenburger Schloßanlage nach ihrem Ausbau mit dem Ordenshaus, der Kirche, Schule und dem Internat zusammen.

Die Erweiterung des mütterlichen »Borgo delle Ninfe« zu einer mächtigen barocken Schloßanlage nach Versailler Vorbild hat wie gesagt der »Blaue Kurfürst« Max Emanuel begonnen. Er läßt seinen Baumeister Zuccalli, später Effner, ab 1701 das Schloß nach niederländischem Vorbild, das er als zeitweiser Statthalter der Niederlande kannte und schätzte, durch zwei große Flügelanbauten erweitern. Sie werden mit dem italienischen Borgo durch Galerien verbunden.

Sein Sohn Carl Albrecht, seit 1742 deutscher Kaiser Karl VII., hat entsprechend größere Pläne und beauftragt Effner und Cuvilliés, die Anlage 1728–58 noch durch ein halbkreisförmiges Rondell mit den an niedrigen Mauern aufgereiht liegenden Pavillons rund um einen weiten »Ehrenhof« zusammenzubinden.

Die Architektur drückt aus, daß vom Herrscher als Mittelpunkt und Zentralgestirn à la Ludwig XIV., dem absolutistischen Herrscher Frankreichs und »Sonnenkönig«, die Strahlen in Richtung seines Hofstaats ausgehen, dessen Spitzen in den »Kavallierhäusern« des Rondells residieren. Die »Sonnenstrahlen« sollten sich sogar zu einer an das Rondell anschließenden, radial angelegten ganzen »Karlsstadt« nach dem Vorbild Karlsruhes entwickeln, doch die hochfliegenden Pläne unterblieben schließlich.

Im »Ehrenhof« des Rondells: Von kessen Porzellanputten bis zur frommen Mädchenschule

In dieser majestätischen Anlage konnte versammelt werden, was die absolutistische Hofhaltung erforderte: Die zehn Kavallierhäuser für die Inhaber der wichtigsten Hofämter, südlich der Marstall für Pferde und Kutschen, nördlich als Pendant die Orangerie für die exotische Pflanzenpracht, darüber ein »Comedie«-Saal zu verschiedener Unterhaltung, später »Hubertussaal« für Jagdfeste. Die kostspieligen Tafelservice- und -aufsätze aus Porzellan wurden im Sinne des Merkantilismus nun »hauseigen« produziert statt teuer importiert, in der 1761 in eines der Kavallierhäuser verlegten »Porzellanmanufaktur«.

Das Würmwasser, das den Schloßkanal und die superlativhohen Fontänen speist, die im Barock den Superlativ der Macht demonstrierten, dient nicht nur den hochgeschätzten »Wasserkünsten«. Es dient auch dem prachtsteigernden Kunsthandwerk, denn es bietet gleichzeitig die notwendige Produktionsvoraussetzung für Porzellan. Dazu durchfließt es nach seinem Dienst im musealen Brunnen-Pumpwerk, dem ältesten seiner Art in Deutschland, praktischerweise gleich anschließend das Rondellhaus-Grundstück. Dort betreibt es die Maschinen zur Porzellanfertigung und wird als

Würmkanal, dem erwähnten Gerner »Canaletto«, weitergeleitet, heute fast genauso wie damals.

Bis dahin war figürlicher Tafelschmuck nur von Konditoren hergestellt worden und damit kurzlebig. Neben den berühmten Tafelservicen begannen besonders Franz Anton Bustellis lebendig-filigrane, höfische, amouröse oder groteske Figuren, die barockisierten allegorisch-antiken Putten, die Kerzenleuchter, die Blumenarme und Mini-Parkbosquetten aus bemaltem Porzellan für den prunkvollen Hoftafelschmuck, den späteren Weltruf des »Nymphenburger Porzellans« zu begründen und steigerten Glanz und Ansehen des bayerischen Hofes.

Später, Anfang des 19. Jahrhunderts, haben die Majolikafiguren Josef Wackerles dem damals auf Nymphenburger Jagdgebiet gegründeten Botanischen Garten sein noch heute besonderes Flair gegeben. Allerdings mußten zur Kostendeckung inzwischen neben Luxus- auch Industriegüter angefertigt werden, z. B. 1856 für einen Großauftrag des Telegraphenamts 65000 Isolierglocken – aus Porzellan.

So Profanes hätte ich allerdings nicht für möglich gehalten, wenn ich auf dem Schulweg die Kostbarkeiten im Schaufenster und die Preise bewunderte. Nachdem auch für Bürgerliche das Nymphenburger Porzellan erlaubt, erschwinglich und »standesgemäß« geworden war, hatten übrigens Service und Figürchen auch den Weg zu uns nach Gern genommen. Sogar eine, wenn auch unbemalte Schlichtausgabe des aparten zwölfeckigen »Bayerischen Königsservices« mit geperltem Rand, das bis zum Beginn des 20. Jahrhunderts noch dem Hof allein vorbehalten war, konnte man sich in nach-monarchischer Zeit leisten. Das Nymphenburger Porzellan war auch in unserer Familie vielgeliebter Luxus und vorsichtig in Ehren gehaltenes Erbe. Wenigstens der verbliebene Teil, der die Kriegsumstände und die selbst bei uns »Beute« machenden amerikanischen Besatzer überstand.

Im Anschluß an das Rondell reihten sich, etwas geringer von den Strahlen der herrscherlichen Gnadensonne beschienen, die kleinen Häuser der auch ausländischen, vor allem italienischen Handwerker und anderer dienstbarer Geister des Hofes. Auf dem Weg von Neuhausen hierher ist man zum Beispiel bald nach der oberen Brücke an einem der besterhaltenen Häuschen mit rautenmusterverzierten Holzfensterläden vorbeigekommen. Das traditionelle Schreibwarengeschäft Bierig war unser »Hoflieferant« für Schulhefte und Stifte.

Und dann war last not least neben der weltlichen die geistlich-geistige Versorgung des Hofes und seiner unmittelbareren Umgebung erforderlich, die Seelsorge, aber auch die religiöse und schulische Bildung.

Die alte Wallfahrtskapelle der Hl. Magdalena des Dorfes Kemnaten war beim Bau des Schlosses respektvoll geschont worden und unmittelbar nördlich vom »Borgo« – ebenso wie der alte Schwaighof südlich davon – zunächst stehen geblieben. Bei der Erweiterung durch die Flügelbauten wurde sie an gleicher »geweihter« Stelle durch eine Hofkirche ersetzt und in die Fassade des neuen nördlichen Flügels integriert. Ein prachtvoller Viscardibau von 1715 mit 200 Plätzen, in dem der Hof – in Logen – und die Bevölkerung Nymphenburgs, Gerns und teilweise Neuhausens gemeinsam die Sonntagsmesse und kirchliche Feste feierten, als das Winthirkirchlein allein nicht mehr genügte. Die Hl. Magdalena blieb Patronin der Kirche, jährlich fand wie berichtet zu ihrem Gedenktag eine allgemeine Wallfahrt zu der neuen Magdalenenklause im Park und vor dem Schloß eine Dult statt.

Außerdem berief Kurfürst Max Emanuel 1719 einige Kapuziner als Hofgeistliche und Seelsorger der Gemeinde. Allerdings richtete er, in schönster sittlicher liberalitas Bavariae und erster Gleichstellungsidee, dem kleinen Hospiz der Kapuziner neben der Hofkirche gleich benachbart, auch ein Kloster für einige Chorfrauen des Ordens von Notre Dame ein. Sie erzogen und unterrichteten Mädchen, die unbemittelten unter ihnen sogar kostenfrei durch Stiftung des Herrscherhauses.

Für die Ordensfrauen ließ Carl Albrecht 1739 von Effner und den hervorragendsten Künstlern dort, wo heute die Grundschule ist, die »Heilige Dreifaltigkeitskirche« als ihre Klosterkirche bauen. Sie wurde von dem einzigen Bombentreffer auf das Schloß zerstört, nur das rechtzeitig ausgelagerte Altarbild von Tiepolo hängt heute in der Pinakothek. Diese erste Mädchenschule im Schloßtrakt blieb Tradition bis heute. Es ist sicher bemerkenswert fortschrittlich, daß ein Landesfürst schon in der ersten Hälfte des 8. Jahrhunderts eine Frauenkongregation zur Mädchenerziehung berief. Das hatte tiefere Wurzeln.

»Gleichberechtigung« auf Bildung im 17. Jahrhundert – eine Revolution

Carl Albrechts früherer Amtsvorgänger in Bayern, Maximilian I., hatte bereits rund 100 Jahre zuvor als erster unter den europäischen Fürsten einen progressiven weiblichen Lehrorden unterstützt und in München angesiedelt. Eine adlige Katholikin aus Yorkshire in England, Mary Ward, hatte diesen zu gründen versucht.

Mary Ward wollte Seelsorge von Frauen für Frauen. Sie plante Unterricht auch für Mädchen und zwar aller Schichten, weil sie von der Gleichwertigkeit und daher gleichen Bildungsberechtigung der Frau ausging. Im Unterrichtsinteresse sollte ihre Ordensgemeinschaft wie die Jesuiten, deren Regeln Mary Ward zum Vorbild nahm, von der auferlegten strengen Klausur frei, außerdem in der Aufsicht nur dem Papst unterstellt sein.

Das war revolutionär, die Männerkirche reagierte hart. Die Heilige Inquisition bedrohte Mary Ward und ihre Frauen als Häretiker. Per Papstbulle wurde sie 1631 neun Wochen lang im Münchner Angerkloster gefangen gesetzt, ihre bisher gegründeten Institute galten als aufgehoben.

Der bayerische Kurfürst hatte nicht nur Mary Ward zur Institutsgründung 1627 nach München geholt, sondern ihrer Kongregation auch ein Haus unweit der Residenz in der Weinstraße, das Paradeiserhaus, geschenkt und für ihren Unterhalt gesorgt. Damit hatte sie erstmals gute Realisierungschancen gefunden und der kirchentreue Fürst unterstützte Mary Ward erstaunlicherweise auch gegenüber Rom, als dieses feindselig wurde.

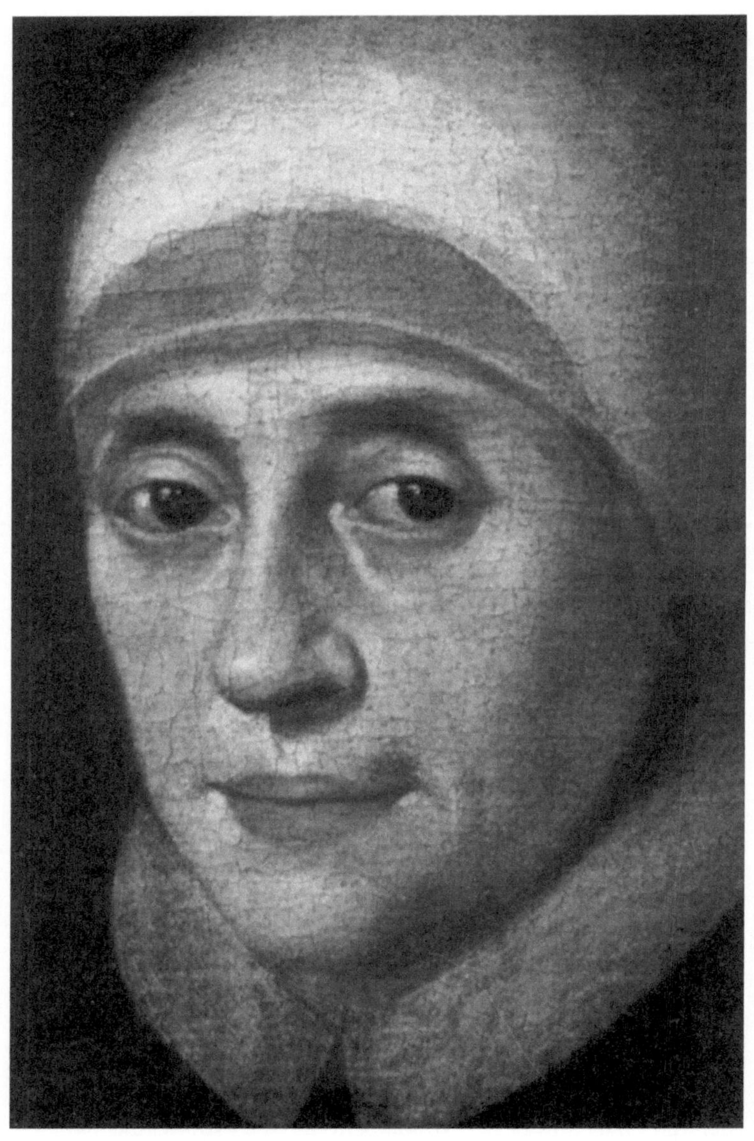

Mary Ward (1585–1645), Gründerin des weiblichen Lehrordens der »Englischen Fräulein«, protegiert von den Wittelsbacher Herrschern.

Maximilian sah als Führer der Katholischen Liga gegen die »Protestantischen« zu Zeiten des Dreißigjährigen Kriegs in Mary Ward und ihren Ordensfrauen willkommene Verbündete in gegenreformatorischen Nöten. Denn, so meinte er, durch englische Missionare sei zuallererst das Christentum nach Bayern gekommen und durch die englischen Fräulein werde es nun wohl erneuert[40].

Dabei waren Mary Wards Beziehungen zu europäischen Herrscherhäusern, kirchlichen wie weltlichen Entscheidungsträgern, ebenso weitreichend wie die ihr gewährten Gründungen: nämlich seit 1609 bis 1631 in St. Omer in den damals spanischen Niederlanden, Lüttich, Köln, Trier, München, Wien, Preßburg, Perugia, Rom, Neapel. Zu ihren Förderern gehörten die Schwester Phillips II. von Spanien, Kaiser Ferdinand I., der Vetter Maximilians, oder die Frau König Karls I. von England und eben das Haus Wittelsbach. Ferdinand von Bayern hatte als Erzbischof von Köln und Bischof von Lüttich Mary Wards Gründungen gefördert und den Kontakt zu Maximilian I. vermittelt.

Aber nur die bayerischen Wittelsbacher leisteten ihr nach dem päpstlichen Verbot ihres Ordens 1631 Unterstützung– ähnlich engagiert und mutig wie rund 100 Jahre zuvor der sächsische Kurfürst Friedrich der Weise dem Reformator Luther.

Die Wittelsbacher als Schutzherren des ersten modernen weiblichen Lehrordens Europas

Mithilfe der diplomatisch-feinen Unterscheidung, daß nur der Orden, aber nicht die Lehrtätigkeit verboten sei, ließ Maximilian 1635 das Wohn- und Schulhaus der sogenannten »Englischen Gesellschaft« im Paradeiserhaus wiedereröffnen. Von hier nahm der heute international verbreitete Orden seinen Ausgang. München bzw. Nymphenburg, blieb der Hauptsitz, bis das Generalat 1929, fast 300 Jahre später als geplant, in das inzwischen geneigtere Rom verlegt wurde.

Kurfürst Max Emanuel, dessen einzige Tochter Nonne im Angerkloster ist und den englischen Fräulein sehr nahe steht, läßt das Paradeiserhaus sogar 1697 auf eigene Kosten durch einen großen Stadtpalast ersetzen, vergleichbar dem ausgedehnten Jesuitenkolleg neben der Michaelskirche in der Neuhauser Straße. Wenn das nicht frühe Gleichberechtigung war, wenigstens im Punkt Bildung unter dem Druck der Gegenreformation im erzkatholischen München.

Beauftragt war wiederum Max Emanuels Lieblingsbaumeister Zuccalli, genauso zuständig für die weltlichen Wünsche der Lustschlösser zu Lande und des gigantischen Gondelkanalnetzes zu Wasser wie für die geistlichen mäzenatischen Aufträge.

Michael Wening schildert 1701 die prächtige Architektur des Klosterbaus und seiner »fünf Schuelen, deren eine für die Kost- und andere Adeliche Kinder, die übrige für die gemainere gewidmet seynd, unnd kommen gemeiniglich 3 bis 400 Lehr-Mägdlein dahin«[41]. Auch der Historiker Lorenz Westenrieder lobt 1782 die Bildungsarbeit. Die Schulen waren sehr fortschrittlich. Sie reichten von adligen Internatsschülerinnen, denen auch Latein und Fremdsprachen gelehrt wurden bis zu Elementarklassen mit Unterricht in Lesen, Schreiben, Stricken, Hauswirtschaft und natürlich christliche Lehre. Die Schule stand allen offen, für Arme gab der Hof ein Stipendium.

Durch die Säkularisation 1803 wurde die »Wohnung der Englischen Gesellschaft« in dem residenznahen neuen Paradeiserhaus aufgehoben und auch in Nymphenburg mußten 1809 die Kapuziner wie Chorfrauen ihren »Arbeitsplatz« verlassen. Aber König Max I. Joseph ließ wenigstens die Schulfunktion in Form eines »Königlichen Mädchen-Erziehungs-Instituts« unter der weltlichen Leitung einer adligen Artillerieoberstleutnantwitwe aufrechterhalten.

Nachdem klösterliche Schulen aber wieder erlaubt waren, berief König Ludwig I. die Englischen Fräulein, die sich nach Augsburg zurückgezogen hatten, 1835 wieder zur Fortführung als »Institut der Englischen Fräulein« nach Nymphenburg. Die protegierenden Wittelsbacher hatten sie schließlich seit 1627 in der Frauenbildung bewährt gefunden.

11.
MARY WARD: JESUITESSE, EMANZE UND REBELLIN GEGEN DEN HEILIGEN STUHL

Die Schule hieß bis 2006 »Maria-Ward-Grundschule / Gymnasium der Englischen Fräulein«. Bis 1909 war es per Dekret aus Rom verboten, Mary Ward als Stifterin der »Englischen Fräulein« zu bezeichnen. Ihr Name durfte nur hinter vorgehaltener Hand genannt werden.

Der Ordensname »Institutum Beatae Mariae Virgine«, den Mary Ward gewählt hatte, war untersagt. Die Vermeidungsbezeichnung des erfolgreichen Ordens als »Englische Fräulein«, wie man sie nach dem Herkunftsland der Stifterin nannte, um kirchliche correctness zu wahren, war so allgemein eingebürgert, daß der Deckname zum offiziellen Titel wurde. Man übernahm ihn, als 1703 der Orden als solcher schließlich anerkannt wurde. Das geschah nicht zuletzt auf Fürsprache Max Emanuels in der traditionellen Rolle seiner Vorfahren als »fürstlichem Protektor« der Maria-Ward-Frauen, wie ihn die Papstbulle nennt. Auch eine ordenstypische Kleidung war verwehrt worden. Mary Ward »verordnete« ihren Frauen als Ausweg die unverdächtige Witwenschleiertracht der damaligen Zeit, was ebenfalls blieb. Mary Ward war unangreifbar untadelig, unterwarf sich den päpstlichen Forderungen widerspruchslos – und war doch ein nicht lösbares »dauerndes Problem des kanonischen Rechts«[42].

Für die calvinistische englische Kirche war die 1585 geborene Katholikin Mary Ward eine Häretikerin, gehörte zu den Glaubensfeinden, die man zu dieser Zeit brutal verfolgte und hinrichtete. Sie war in der geheimen katholischen Untergrundkirche in England tätig, dann in den spanischen Niederlanden, wo die englischen Untergrundkämpfer ausgebildet wurden. In St. Omer gründete sie ihr erstes Institut, denn sie hielt in dieser Zeit der Glaubenskämpfe die Erziehung von Mädchen und Frauen für notwendig, um auch sie zu den notwendigen »außergewöhnlichen Leistungen« zu befähigen.

Für die katholische Kirche vertrat sie ebenfalls die falsche Richtung, war Ketzerin. »Nehmt Maria Ward – als Häretikerin, Schismatikerin, Rebellin gegen den Heiligen Stuhl – gefangen«, forderte Papst Urban VIII. 1631 in seiner Bulle. Sie hatte 1616 den ersten Entwurf ihrer Ordensverfassung zur Anerkennung nach Rom gesandt und in den Wartejahren quer durch Europa, fast immer zu Fuß gehend, Niederlassungen gegründet. Sie pilgerte schließlich, um den Papst persönlich zu überzeugen, im Winter 1621 von Lüttich nach Rom. Auch das zu Fuß und einschließlich der Überquerung des St. Gotthard in 64 Tagen, was immerhin durchschnittlich sportliche 34 Kilometer pro Tag ergibt. Als selbstsichere, willensstarke und souveräne Persönlichkeit war sie mit ihrem Anliegen zwar beim Papst zunächst erfolgreich, die indirekt intrigierende Gegnerschaft der etablierten Kirchenvertreter aber siegte zuletzt.

Ihre Ordensverfassung gründete auf den Regeln der Jesuiten, jedoch auf Nonnen übertragen. Gleiches Recht für Frauen, das überstieg die Vorstellung dieser Zeit, war Anmaßung, Aufruhr, verkappter Ungehorsam und das noch in einer Ära des Kampfs gegen die neumodischen Lehren des Reformators Luther und seiner »Protestanten«. Wo käme man hin, wenn auch noch die Frauen ... Das war zuviel Reformgeist.

Als »Jesuitessen« wurden die Frauen Mary Wards hämisch diskreditiert. Der Papst sah die gefährliche Frauen-Power, der bayerische Kurfürst dagegen darüber hinweg auf Mary Wards geistliche Rolle in der Erneuerungsbewegung. Die apostolische Arbeit (ohne direkte hierarchische Kontrollinstanzen vor Ort) stehe Frauen nicht zu, die fehlende Klausur lasse Sittenskandale befürchten, begründete der Papst die Ablehnung des Ordens und die Aufhebung der Institute. Jesuiten ja, Jesuitessen nein.

Als hochgebildete, unabhängige Frau wollte Mary Ward Frauenbildung in der patriarchalischen Männergesellschaft erkämpfen, weil sie von der Gleichwertigkeit und daher gleicher Bildungs- und Lehrbefähigung ausging. Wenn die Frauen den Männern wirklich unterlegen seien, wie behauptet, »warum sind sie dann nicht von allen Dingen ausgenommen, sondern nur von einigen?«, argumentiert sie mit sehr »unweiblich« scharfer Logik. Mängel der Frauen lägen nicht darin, »daß wir Frauen ..., sondern daß wir unvollkommene Frauen sind«. In der Leistungsfähigkeit gäbe es keinen Unterschied zwischen Männern und Frauen »wie wir aus dem Beispiel vieler Heiliger, die große Dinge vollbrachten, sehen können«. Eine Emanze im 17. Jahrhundert, das war zu früh.

Und sozialrevolutionäre allgemeine Menschenrechte praktizierte sie außerdem noch, in Tagesschulen auch für Mädchen aus unteren sozialen Schichten. Dabei nahm ihr Grundsatz, die Schülerinnen möglichst individuell nach besonderen Talenten zu fördern, sogar moderne pädagogische Einsichten vorweg. Trotzdem gab es an Mary Wards stark besuchten Schulen, die von der Inquisition bespitzelt wurden, keinerlei Anlaß oder Vorwand für Beanstandungen.

Sie war ein Kaliber, das nicht zu knacken war: gehorsam ergeben in alle Auflagen, aber unbeugsam in den Zielen, kein Bruch, aber auch kein Aufgeben, zu erfolgreich, um ignoriert, zu perfekt, um von den Gegnern gefaßt, zu revolutionär, um akzeptiert zu werden. Sie war und blieb ein »Problem«, auf das man paradox reagierte.

Heilige Frauenrechtlerin oder Häretikerin – das Geheimnis des Vatikans

Mary Ward starb 1645, zuletzt in ihre Heimat York zurückgekehrt, äußerlich mit ihrem Lebensziel gescheitert, aber mit ungebrochener – und begründeter – Zuversicht. Das »Wunder« geschah, daß sich ihr »gründerloser«, aufgehobener Orden weiter erfolgreich und weltweit ausbreitete und das, obwohl sogar die bloße Erinnerung an sie von der Kirche weiter bekämpft wurde. Ihr Name mußte aus Chroniken getilgt, aufbewahrte Erinnerungsstücke verbrannt oder versteckt werden, ein Buch über ihr Leben wurde noch 1751 auf den Index gesetzt. Die Spuren sollten sich verlieren.

Gegen Ende des 19. Jahrhunderts erst begannen Vorstöße, Mary

Ward vom Papst als Ordensgründerin anerkennen und ihren guten Namen wiederherstellen zu lassen. 1891 erfolgten Eingaben und während 1893 das Heilige Offizium noch ablehnte, stellte 1909 Pius X. schließlich per Dekret fest, daß das Institut der Englischen Fräulein »wirklich Maria Ward als Gründerin gehabt hat«; nur aus wohlwollender Sorge um Verwechslung mit der ersten nicht anerkannten Gründung (vor 1703) zu vermeiden, hätte man bisher richtigerweise davon abgesehen. Das war höchste kirchliche »Diplomatie«.

Das heißerstrebte Ziel Mary Wards, daß ein Frauenorden nach den Regeln der Jesuiten leben dürfe, wurde 1978 erreicht, der Wunsch, den Namen Jesu im Ordensnamen tragen zu dürfen, 2004 gewährt. »Congregatio Jesu« (CJ) heißt damit endlich seit neuestem der Orden, der seit fast 400 Jahren wirkt.

1931 wurde wegen der Bitte um einen Seligsprechungsprozeß Einblick in die Inquisitions- und Vatikanischen Archive gewährt und das »Nihil obstat«, es stehe nichts entgegen, erklärt. Seit 1998 stehen die Quellen offen. Eine »außergewöhnliche« und »heilige« Frau sei Mary Ward, hat Papst Johannes Paul II. 1982 bei seinem Besuch in Großbritannien erklärt. Heilig- oder wenigstens seliggesprochen, wie so viele andere während seiner Amtsperiode, die in dieser Hinsicht einen absoluten Rekord aufstellte, hat er sie aber nicht. Im Gegensatz zum Beispiel zu Mutter Theresa aus dem Zweigorden der Englischen Fräulein, den Loreto- Nuns.

Dieser Missionarsordenszweig hatte sich vom Nymphenburger Generalat mit der Zeit losgelöst, ihre Tracht ist daher auch die der Englischen Fräulein in Indien, ein Sari. Die Loreto-Nuns sind neben den Englischen Fräulein tätig, die in den indischen Niederlassungen Höhere Schulen, Armenschulen und Waisenhäuser betreiben.

1997 ist Mutter Theresa gestorben. 2003 schon, also nach kirchlichem Zeitmaß fast sofort, »subito«, hat Papst Johannes Paul II. sie selig gesprochen. Die dazu erforderlichen posthumen Wunder wurden an indischen Patientinnen entdeckt und anerkannt.

Im Bereich Bildung sind Wunder sicher schwieriger. Oder ist das kirchliche Image der aufopfernd pflegenden Frau noch immer höher als das der gebildet-bildenden Intellektuellen? Oder Mary Wards »Odium als Ketzerin« nach 350 Jahren doch nicht ausreichend verflogen? Es bleibt eines der vielen Geheimnisse des Vatikans.

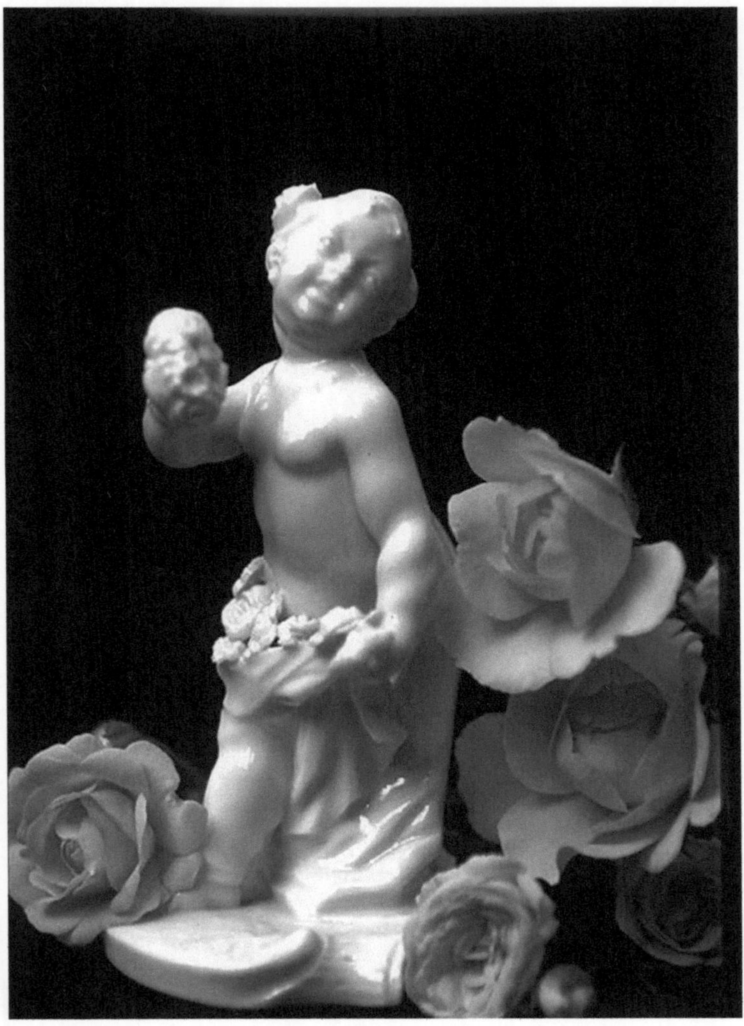

Nymphenburger Porzellan aus der »hauseigenen« Manufaktur für die Festtafelder Wittelsbacher. Im Schloßrondell vereint: Höfischer Prunk …

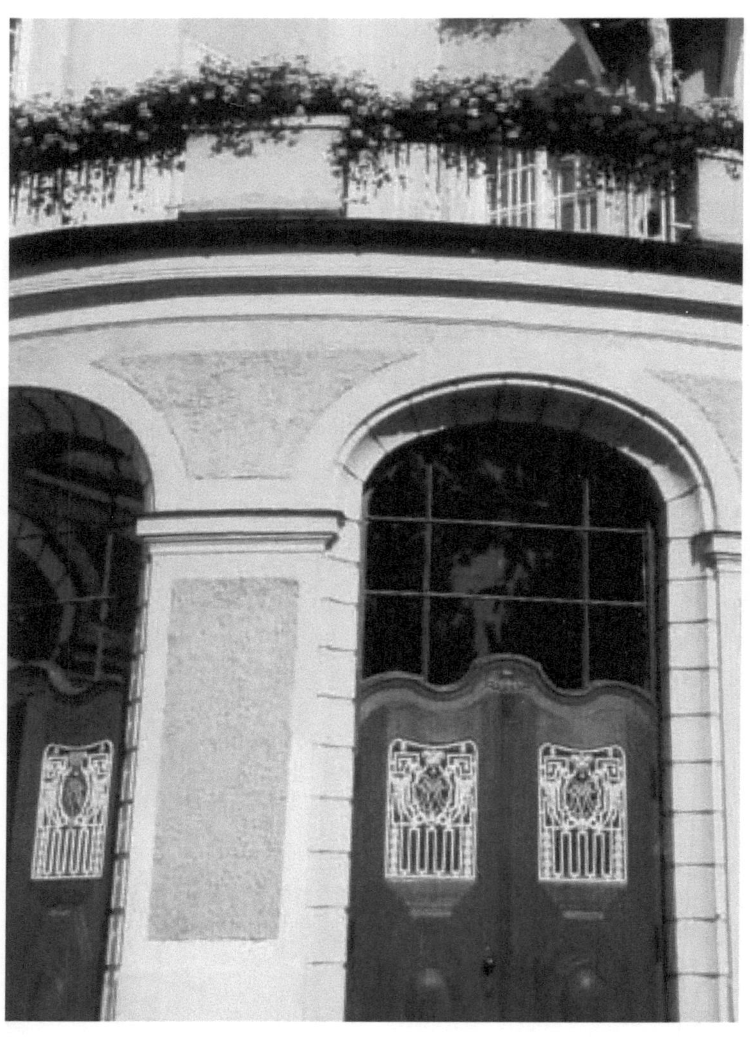

… und religiöser Ernst. Die »Englischen Fräulein« unter herrscherlicher Protektion. Eingang zum Gymnasium, einem Jugendstilgebäude von 1904, Maria-Ward-Straße 3–5.

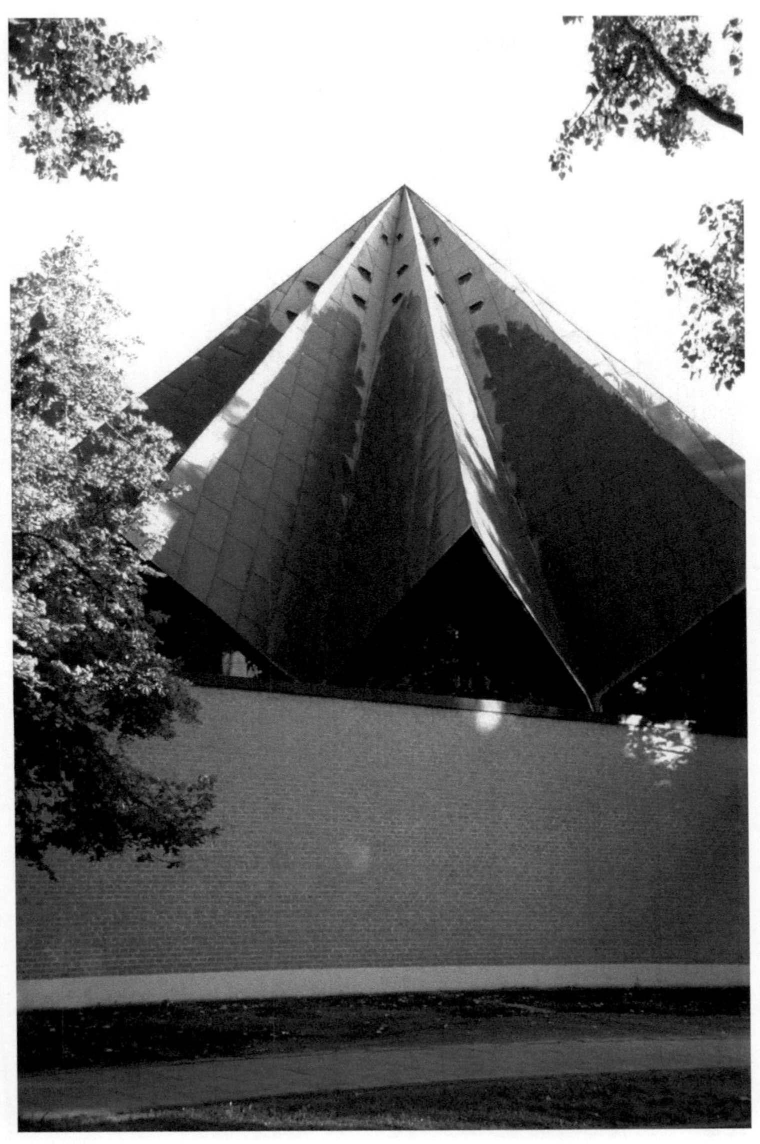

Die neue »Heilige Dreifaltigkeitskirche« an der Maria-Ward-Straße, in progressiver Zeltform 1964 erbaut.

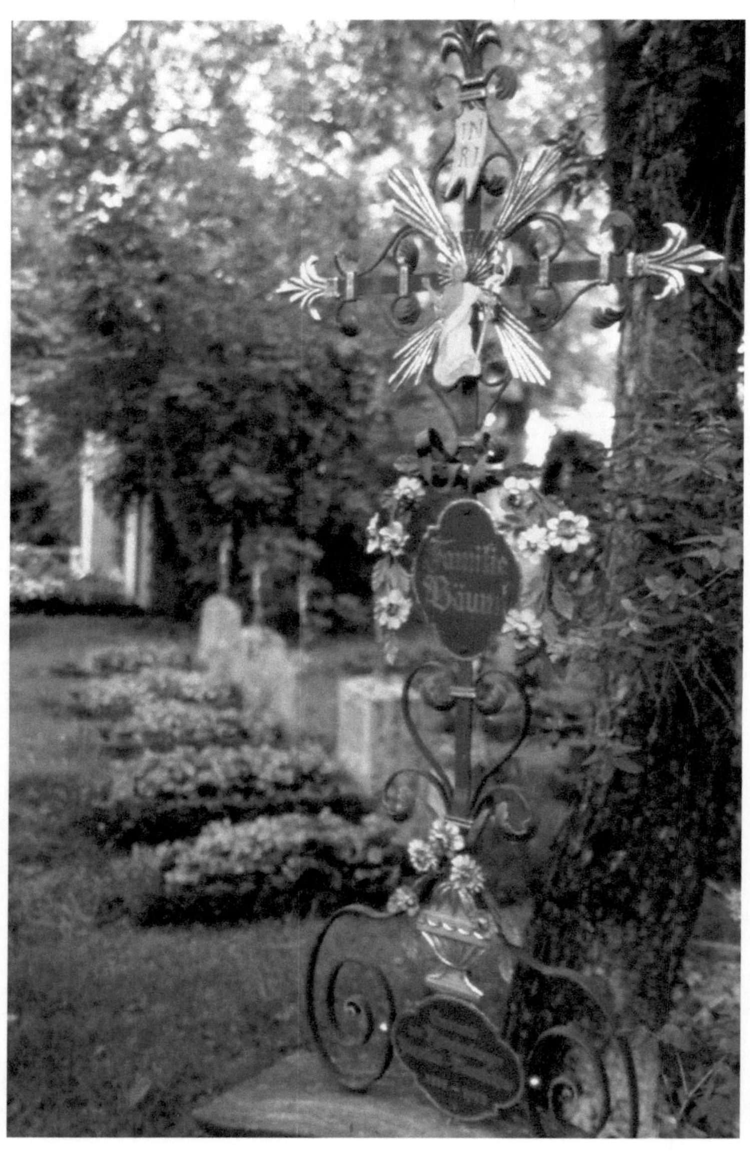

Im Nymphenburger Friedhof:
Das Grab der Familie Bäuml, Direktoren der Porzellanmanufaktur.
Dahinter Gräberreihen der »Englischen Fräulein«.

12.
MOOSRÖSCHEN, MÖPSE UND MODERNE – DIE MARIA-WARD-SCHULE DER ENGLISCHEN FRÄULEIN UNTER KÖNIGLICHER OBERHOHEIT

In Nymphenburg draußen waren die Beziehungen zwischen den Wittelsbachern und den Englischen Fräulein familiärer als in der Residenz, denn »Dorf und Gemeinde waren klein … Bürgermeister, Lehrer, Hofkurat und die Englischen Fräulein gehörten mit zur Familie«, beschreibt es Prinz Adalbert in seiner erwähnten Nymphenburger Familienchronik[43]. Die Englischen Fräulein hatten nach der Säkularisation wieder weltliche Kleider anlegen und sich ins Privatleben zurückziehen müssen. König Ludwig I. war es ein Anliegen gewesen, sie 1835 endlich ins Nymphenburger Schloß zu holen. Er sah in der Ambivalenz seiner teils fortschrittlich-»liberalen«, teils patriarchalischen, reaktionär-absolutistischen Haltung jedenfalls in der Religion eine unstrittige Stütze des Throns und restaurierte eifrig die säkularisierten Klöster. Als »Protektor der Katholiken« wollte auch er wirken wie zu Zeiten Mary Wards sein von ihm so verehrter Vorfahre Maximilian I., nach dem er sogar seinen Sohn und Thronfolger benannte.

Den Englischen Fräulein gab König Ludwig daher jede Unterstützung. Als »Moosröschen« betitelte er huld- und liebevoll ihre Schulzöglinge. Über 200 »Röschen« waren es zu dieser Zeit, etwa zur Hälfte Internatsschülerinnen, und die Zahl wuchs rasch. Nachdem die Englischen Fräulein 1840 auch die Mädchenvolksschule für Gern / Nymphenburg übernommen hatten – die Neuhauser Kinder gingen bis 1866 ebenfalls in eine Nymphenburger Schule – wurden weitere Teile des nördlichen Schloßflügels zur Verfügung gestellt, das erste Kavalliershaus am Rondell dazuerworben, in dem (bis vor einigen Jahren) das Internat war.

Gemeinsame Feste: Prinzregententorte und Prozessionen

Den »Hubertussaal« über der Orangerie durften die Zöglinge seit 1862 für Feste nutzen, im allgemeinen zusammen mit den hohen Herrschaften. Die kirchlichen Feste wurden ohnehin gemeinsam begangen, zu weltlichen wie z. B. Wittelsbacherhochzeiten, lieferten die Zöglinge Festbeiträge. Die Schar der aufblühenden »Moosröschen« in ihren Galaschuluniformen war eine Zierde: über grünem Kleid ein karmesinroter Dreiecksschal mit Fransen, schwarze Glacéhandschuhe, weißer Hut mit grünem Band. Ehemalige Schülerinnen haben noch aus eigener Erinnerung über Feiern in der Prinzregentenzeit um 1900, als sie noch Knospen waren, schriftlich berichtet[44]: die mehrtägigen Carneval-Tänze, natürlich ohne »Herren«, Schulschlußfeiern mit Preisverleihung, fromme Theaterspiele, alles im Hubertussaal in Anwesenheit und unter Mitwirkung und Applaus der königlichen Familie.

In traditioneller Königstreue war der Geburtstag des Prinzregenten jährlich ein besonders großer Festanlaß. Im Speisesaal sangen die Zöglinge die »Wittelsbacher Hymne«, bekamen daraufhin ein winziges Gläschen Wein und ein Stück der gestifteten »Prinzregententorte«. Beim täglichen Institutsspaziergang sah man sich ohnehin des öfteren vor dem Schloß oder im Park und hatte bei jeder Begegnung mit dem jovial grüßenden Landesherrn oder anderen königlichen Hoheiten den schwierigen Hofknicks, die »große Reverenz«, in Klassenformation hinzulegen.

Besonderen Glanz verbreitete seit langem die Fronleichnamsprozession um das Rondell zum Schloß. Vielleicht nicht zuletzt durch den langen Zug der jugendfrischen »Moosröschen« in Begleitung einer Schar von Englischen Fräulein, deren an Festen bis zum Boden reichende schwarze Seidenschleier eindrucksvoll in der Mailuft wehten. Am letzten Altar direkt bei der Schloßtreppe nahm der Hof teil.

Die große Münchner Fronleichnamsprozession im Stadtzentrum mit dem Prinzregenten an der Spitze der Würdenträger hat der Weiß Ferdl liebevoll »dableckt«. »Der Umgang« ist eines seiner bekanntesten »Stückln«, zu dem er ein anonymes Volkslied umgedichtet hat, das aus den 80er-Jahren des 19. Jahrhunderts stammen dürfte.

Schön ist's mit dem Umgang geh'n, Umgang geh'n,
wenn das Wetter ist sehr schön,
mit dem Umgang geh'n …
Voraus kumt oana ganga, /
a ganz a Langa, /
tragt d' Fahnastanga,
dabei is grad a Winderl ganga.
Die Fah'n, des Riesentrumm,
die reißt ihn um …
Neb'n am Himmi geh'n d'Hatschier, /
stolz as wia,
verwünschen den ganzen Umgang schier, /
sie mechtn' liaba a Bier.
Dahinter kummt da Prinzregent /
mit da Kirz'n in die Händ /
die scho nimma brennt.
Und dann die ander'n Prinz'n, /
o, wia de lins'n und freindli grins'n, /
an jedan Gruaß zahln's z'ruck mit Zinsen. /
Das ist bei Wittelsbauch /
a so da Brauch.

Eine Huldigung auf bayerisch, von gscherten Stadteren halt. Einmal bin ich auch in dem Nymphenburger Fronleichnams-»Umgang« mit, nachdem er freilich schon längst bundesrepublikanisch und unspektakulär war. Als Kommunionkind mit langem weißen Kleid und Krönchen wie eine Prinzessin direkt neben dem Monstranzhimmel zum Girlandentragen. Übrigens wurden auch Prinzessinnen im Institut der Englischen Fräulein unterrichtet: Unter anderem Prinzessin Maria del Pilar von Bayern, 1891 als Tochter von Prinz Adalbert Wilhelm und Amalie, Infantin von Spanien, geboren. Von ihr haben ehemalige »Mitschülerinnen « in der Institutszeitschrift (die seit 1929 den Kontakt zwischen der Schule und den »Ehemaligen« hält) noch als Zeitgenossinnen berichtet.

Sie soll auf ihre Schuluniform sehr stolz gewesen sein, hatte zwar Privatunterricht, aber im Schulgebäude, wohin sie eine Dienerin begleitete. Die von Pilar gemalten Bilder wurden von der Zeichenlehrerin in der Mitte der jährlichen Schülerausstellung – berichtet wird von 1910 – aufgehängt. Die Malerei blieb ja Pilars lebenslanges »Hobby«. Sie war später mit einigen der Englischen Fräulein eng befreundet und bis ins hohe Alter oft im Haus der Schule.

Mit meiner Tante, der Frau des Malers Hentrich, die nach unserer Familientradition auch schon Schülerin der Englischen Fräulein gewesen ist, war Prinzessin Pilar nach der gegenseitigen Korrespondenz zu schließen offenbar lange und bis zuletzt bekannt. Und Prinzessin Pilar war bei dem Künstlerehepaar auch im Atelier in der Gerner Tizian Straße – in wittelsbachischer Tradition – zu Gast. Uns Kinder haben die beiden hoheitsvollen Möpse – keine roten Bulldoggen –, die neben der schlichten, in unseren Augen »hochbetagten« Dame bei gutem Wetter aus dem geöffneten Schloßfenster schauten, bei unseren Parkspaziergängen immer sehr beeindruckt. Eine Prinzessin hatte laut Märchenbüchern allerdings sehr anders auszusehen.

Nackte Amazonen statt Klosterfrauen

Das Ende der deutschen Monarchie 1918 hatte das Nymphenburger Schloß unter staatliche Verwaltung gestellt. Das Wohnrecht der Wittelsbacher in Teiltrakten und gewisse Traditionen blieben, wie zum Beispiel das jährliche Kronprinz-Rupprecht-Geburtstagsständchen der Neuhauser / Nymphenburger Schulkinder vor dem Schloß.

Erst der Anbruch des »Dritten Reichs« bedeutete für die Klosterschule den entscheidenden Einschnitt. Für das Volk wurde vom Münchner Stadtrat nicht nur die jährliche »Nacht der Amazonen« im Schloßpark veranstaltet. Das waren Reiterspiele, unter anderem von nur mit Helm, Sandalen und sonst nichts bekleideten BDM-Mädchen geboten. (Herbert Rosendorfer hat übrigens in einem Buch von 1989 mit diesem Titel die ganze Epoche für München thematisiert.)

1937 wurde auch ein Jagdmuseum verordnet. Dazu mußten die Englischen Fräulein nach nun 100 Jahren den Schloßflügel räumen. Aus ihrer barocken Allerheiligenkirche wurde alle bewegliche Kunst in Museen, die in der Gruft bestatteten Nonnen, Kapuziner und Hofgeistlichen zum Westfriedhof abtransportiert. Das Internat mußte geschlossen werden, 1941 auch die Schule.

Die Klosterfrauen zogen sich auf eigenen Grund zurück, in den 1904 zur Erweiterung errichteten Schulbau in der Maria-Ward-Straße 3 bis 5. Im Krieg und bis 1950 war das dreistöckige Jugendstilgebäude Feldlazarett, dann Krankenhaus. Seitdem fungiert es wieder als Gymnasium der Englischen Fräulein, mit angrenzendem Konvent. Die ehemalige Aula der Schule blieb lange anstelle der zerstörten Barockkirche zur provisorischen Kloster- und Schulgottesdienstkirche umfunktioniert. Das erste Kavalliershaus wurde wieder Internat. Die Maria-Ward-Grundschule zog in den dazu wiederhergestellten Teil des Schloßflügels ein, in den nördlichsten Ecktrakt zog das Institut für Genetik der Münchner Universität neu zu.

In den 60er-Jahren gab man die klösterliche Landwirtschaft auf, die Felder hatten bis dahin noch weit entlang des heutigen Mittleren Rings gereicht. Die Finanzmittel wurden zur Erweiterung sowie für moderne Einrichtungen eingesetzt: 1964 wieder eine wirkliche Kirche, aber auch ein großes Lehrschwimm-Hallenbad, Lift, Fotolabor, Computerräume etc.

Zur traditionellen Weltoffenheit gehörte, daß die staatlich anerkannte Privatschule seit langem »ökumenisch« war, d. h. katholische wie evangelische Schülerinnen hatte. Deshalb waren die beiden Religionslehrer zunächst die einzigen »Hähne im Korb«, bis auch weltliche männliche Lehrer den weiblichen »gleichberechtigt« wurden. Die Qualifikation, das Wissen zählte.

Unsere Mater Direktor zum Beispiel, doppelpromovierte Altphilologin, distanzierte Respektsperson und schon im weltlichen Rentenalter, nahm wie selbstverständlich mit Buch und Heft gleichrangig zwischen uns Schülerinnen Platz, als eine kleine Gruppe von uns die Chance eines freiwilligen Italienischkurses nach Unterrichtsende ergriffen hatte.

Auch das Ordenshabit wurde den Zeiten angepaßt. Schon früher waren die riesigen gesteiften Schulterkrägen, die Halskrausen der Maria Ward Damen, gefallen. Dann wurde noch weiter vereinfacht, bei Bedarf durfte sogar der Schleier ganz gelüftet werden. Man wollte offenbar an Modernität nicht hinter der einstigen Gründerin zurückstehen. Unsere Biologielehrerin, Mater Columba, Schülerin des Verhaltensforschungspioniers und Nobelpreisträgers Max Frisch, des »Bienen-Frisch«, warf sich für Exkursionen ohne weiteres in Bergkluft. Von ihr wurde uns auch in unbefangener Selbstironie der boshafte Spruch überliefert, der noch aus der Zeit der weißen, auch die Stirn be deckenden Unterhaube stammte: »Wo bei anderen Leuten das Hirn sitzt, haben die Englischen Fräulein nur einen weißen Fleck«. Sie verbreitete ihn natürlich nur unter den, hoffentlich eigenständig anders urteilenden Ehemaligen.

Und schon wieder sind andere Zeiten angebrochen. Das Ziel der Ordensgründerin war wie gesagt schließlich 2004 auch offiziell erreicht, doch inzwischen fehlen der Ordensnachwuchs und damit die Lehrerinnen fast gänzlich. 2006 wurde die Schule von hervorragendem Ruf der Erzdiözese München und Freising übergeben, wird aber unter dem Namen »Maria-Ward-Schulen« weitergeführt. Die vielzitierte Ironie der Geschichte eben.

13.
HOCHZEIT IM ZELT: DIE PROGRESSIVE DREIFALTIGKEITSKIRCHE UND DAS ALTE FRIEDHÖFERL IN NYMPHENBURG

Wenn man das Schloßrondell verlassen hat und in die Maria-Ward-Straße hinein Richtung Kirche erst vor das Schulhaus des Gymnasiums tritt, dann fällt zunächst das sichtlich alte und zu dem großzügig dimensionierten Jugendstilgebäude recht kontrastierende »Pförtnerhäusl« auf. Pforte für eine argusäugige Schwester, die wie ein Zerberus über den Damen-Hochsicherheitstrakt wachte, war es aber erst später.

Die Zerberus- oder Zollpforte vor dem Jugendstil-Schulhaus

Gebaut wurde es 1899 als Zollhaus. Es lag an einer damals wichtigen Straßenkreuzung. An der Front vorbei lief die alte Straße nach Moosach, heute Maria-Ward-Straße, an der Längsseite, heute abzweigend Richtung Botanischer Garten, die Straße nach Menzing. Durch die Eingemeindung Neuhausens und dann auch Nymphenburg / Gerns nach München im Jahr zuvor mußten die städtischen »Pflasterzollstationen« an die neue Stadtgrenze verschoben werden. Drei neue Zollhäuser entstanden, die an der Dachauer und Nederlinger Straße sind abgebrochen, nur dieses blieb. Das Fachwerk ist allerdings leider unter Putz verschwunden.

Die Pflasterzölle wurden von München seit 1394 erhoben und für Straßen- und Brückenbauten und ihre Unterhaltung verwendet. Noch 1907 lautete die Verordnung: »Wer in den Stadtbezirk Waaren irgendwelcher Art zu Wagen einbringt oder Vieh eintreibt, hat in der Pflasterzollstation anzuhalten, Stand und Wohnort, sodann Ladung und bezw. Stückzahl … zu declarieren … und den betreffenden … Pflasterzoll … gegen Quittung einzubezahlen«[45]. Dabei wurde Vieh- und allgemeiner Pflasterzoll unterschieden, zu dem Milch, Stallmist, Brennmaterial wie Kohlen, Holz, Torf, Tannenzapfen gehörten, Binsen und Schilf, Baumaterial wie Kies, Lehm, Sand, Schindel, Ziegel- und andere Steine, Salz, Bier, Fleischwaren, Roheisen oder Eisstangen. 1924 wurden die Pflasterzölle durch die bayerische Kraftfahrzeugsteuer abgelöst und nur mehr für Eisenbahngüter erhoben.

Der lebhafte Fuhrwerksverkehr, der hier und bis zum Bau der oberen Kanalbrücke 1892 direkt vor dem Schloß vorbeischepperte, ist einer – nur stoßweise durch den Schulbetrieb unterbrochenen – ziemlichen Kirchen- und Friedhofsruhe gewichen. Am niedrigen Gebäude des Kindergartens vorbei, neben der Armenpforte, wo täglich Bedürftige verpflegt werden, öffnet sich das Gittertor mit dem Glockenstuhl darüber zum Hof der neuen »Heiligen Dreifaltigkeitskirche« der Englischen Fräulein.

Die über dreihundertjährigen »Paradeiserhaus«-Glocken

Geplant wurde die »Heilige Dreifaltigkeitskirche« von dem bekannten Architekten Professor Josef Wiedemann von der Technischen Universität München unter Mitarbeit von Rudolf Ehrmann und ist 1964 eingeweiht worden. Man hat sie eine der progressivsten Kirchen Münchens vor dem Bau der neuesten Herz-Jesu-Kirche genannt. Das ist bezeichnend für die zeit- und weltnahe Ausrichtung des Ordens[46].

Der Hof soll sammeln und einstimmen, Vorbild sind die Vorhöfe der Moscheen. Die originale suggestive Pflasterung von »Himmelskreisen« mit gespaltenen Bachkieseln hatte früher wunderbar mit den naturhaften Findlingsblöcken, die geometrische Stufen ersetzen und aus der Isar stammen, harmoniert. Sie wurden inzwischen fatalerweise zweckmäßig, aber höchst unästhetisch durch Betonsteine ersetzt.

Die beiden Glocken oben in der »Türwand« des Eingangs sind seit 1696 in der Kuppel des von Max Emanuel gestifteten neuen Paradeiserhauses gehängt. Nach der Säkularisierung und vorübergehenden

Aufhebung des Klosters fanden die Glocken andere Verwendung, erst 1929 wurde die kleinere von der Stadtverwaltung zurückgegeben. Die große aber hat das Stadtmuseum so hochgeschätzt, daß die Englischen Fräulein sie nur nach jahrzehntelang abgewiesenen, geduldig-hartnäckigen Eingaben schließlich zum 400. Geburtstag Maria Wards 1984 zurückerhielten.

Das Bronzetor der Kirche zeigt das durchgehende Gestaltungsprinzip, nämlich Funktion mit Symbolik zu verbinden: die Griffleisten bilden ein türhohes Kreuz. Der Kirchenraum ist quadratisch, 27 mal 27 Meter als Vielfaches der heiligen Zahl 3, linkerhand durch die Sakramentskapelle erweitert. Der Tabernakel ist aus Onyx gearbeitet, das gerundete und geostete Betonglasfenster dahinter stellt den Rebstock dar und fängt Morgenlicht ein.

12 Stahlbetonsäulen tragen einen Betonring von 20 Meter Durchmesser mit dem zwölffach gefalteten Zeltdach. Sie symbolisieren die Apostel, die das »Zelt Gottes« tragen, denn die Johannnesevangeliumsstelle »Und das Wort ist Fleisch geworden und hat unter uns gewohnt« wurde aus dem griechischen Urtext eine Zeit lang mit »gezeltet« übersetzt. Die Dachform ergibt einen »Strahlenkranz« von 12 gewaltigen Fensterdreiecken, die Form der Dreieinigkeit und des »Auge Gottes«, die den Blick auf den Himmel und in die Baumkronen freigeben und Licht und Natur in die Kirche holen. Die Altarinsel im Zentrum, zu der sich der Boden leicht absenkt, ist der hellste Punkt.

Unter dem Zeltdach dieser Kirche haben wir geheiratet. Und danach sind wir zunächst auf den Friedhof Nymphenburg gegenüber gegangen, ans Grab meiner Familie. Wo halt alte Gerner / Nympenburger, wenn sie Glück haben, zuletzt hingehören.

»Ein Mensch sieht ein, daß wer, der stirbt, den andern nur den Tag verdirbt«

Der Friedhof Nymphenburg ist so klein, daß viele Gärten größer sind als er. Leider sind seit der Renovierung der Mauer die umrahmenden hohen Büsche entfernt und zu dieser neuen Nacktheit hinzu auf einem Nachbargrundstück eine dichte und hohe Häuseranlage hochgezogen worden. Die lebendigen Handy- und Kaffeegespräche von deren Balkonen mildern allzutiefes Totengedenken. Aber in der Winterdämmerung fliegen die zugezogenen Gastkrähen in großen Schwärmen zwischen den Schloßpark- und den Friedhofsbäumen hin und her, bis sie zur Nachtruhe wie schwarze Belaubung die kahlen Äste füllen.

Er ist ursprünglich kein eigentlicher Prominentenfriedhof gewesen, erst seit die Plätze so rar geworden sind. »VIPs« residieren hier eher in Ausnahmefällen, wenn auf Antrag das Stadtdirektorium feststellt, daß der Verstorbene eine bekannte Persönlichkeit ist und sich um die Landeshauptstadt verdient gemacht hat.

Sonst genügt es, wenn man hier ruhen will, mehr als 30 Jahre in diesem Viertel gewohnt zu haben, aktuell verstorben zu sein und daß wunderbarerweise gerade ein Grab frei wäre. 1944 ist der »Bestattungsbetrieb« ganz eingestellt, seit 1955 mit Einzelgenehmigung wiederaufgenommen worden.

Eingerichtet wurde der Friedhof 1866. 1875 errichtete man die Arkaden, in deren mittlerer Gruft man bis 1898 Englische Fräuleins und einige Hofkuraten beigesetzt hat. Nicht verwunderlich ist, daß es auch den letzten Bürgermeister von Nymphenburg / Gern vor der Eingemeindung nach München, Franz Paul Kratzer, den Namensgeber unserer Straße, hierher gezogen hat. Sein Grab ist allerdings nicht mehr erhalten.

Glück muß man haben, auch im Tod. Wir konnten vor langem ein Doppelgrab ergattern. Hier liegen alle, die einmal in unserem Haus in der Kratzer Straße gewohnt haben. Vom Großvater, dem Major, der das Haus in Gern gekauft hat, bis zur Tante, der Frau des Malers und Karikaturisten Hentrich. Auf dem Weg dorthin, vom Eingang zunächst linkerhand gewendet, begegnet erlebte oder erlesene Nymphenburg / Gerner Geschichte.

Mit der Bäumlfamilie verbindet man besonderen Glanz: Vater und Söhne waren Direktoren der Nymphenburger Porzellanmanufaktur, der Vater Albert Bäuml auch Gründer der weltweit größten Sammlung von Nymphenburger Porzellan, die im Marstallmuseum drüben im südlichen Schloßflügel zu genießen ist. Dirigent Eugen Jochum war mir von vielen Konzerten vertraut, seine Tochter war auch Schülerin des Maria Ward Gymnasiums. In dem beetartig buchsgefaßten, sichtbar alle Toten gleichmachenden Gräberreihenfeld der Englischen Fräulein ruhen viele meiner früheren Lehrerinnen. Und schräg unserem Grab gegenüber, schon auf die Arkaden zu, liegt der Dichter Eugen Roth, Menschen- und Unmenschenkenner. Er hat die Menschheit in seinen Gedichten seziert statt transzendiert, war ein unverwechselbar versgewandter Weiser und zynischer Satiriker zugleich.

Eugen Roths Bücher haben einigen von uns Schülerinnen sehr imponiert und da er ganz benachbart zwischen Friedhof und Gymnasium wohnte, hätten wir den alten Herren gerne zu einem Referat oder wenigstens Interview gewonnen. Aber bei seinem Weltbild – oder weil er schon zu betagt war – fanden auch wir als Spezies »heranwachsende Menschen« keine Extra-Gnade. Und weil sein Gedicht »Rechtzeitige Einsicht« das Thema Sterben wie den Nagel auf den Kopf trifft, soll es zum Gedenken und zum Nachdenken an seinem Grab aus dem Zyklus »Sämtliche Menschen« zitiert werden:

Ein Mensch sieht ein, daß wer, der stirbt,
Den andern nur den Tag verdirbt,
An dem, den Freunden zum Verdruß,
Er halt beerdigt werden muß.
Den ersten triffts als harter Schlag:
»Natürlich! Samstag nachmittag!«
Der zweite ärgert sich nicht minder:
»Mit meinem schäbigen Zylinder?«
Der dritte sagt: »Paßt wie bestellt!
Im Westfriedhof, halb aus der Welt!«
Der vierte ringt mit dem Entschluß,
Ob einen Kranz er geben muß.

Der fünfte aber herzlos spricht:
»So nah stand er mir schließlich nicht!«
Der sechste denkt nach altem Brauch:
»Ein Beileidsschreiben tut es auch!«
Und rückhaltlos bekennt der siebte,
Daß er ihn überhaupt nicht liebte.
Zeit ist's. Der Sarg wird zugenagelt.
Es regnet draußen, schneit und hagelt –
Kann sein auch: Julisonne sticht:
Mensch, das vergessen sie dir nicht!
Es spricht Kollege, Freund und Vetter:
»Der damals? Bei dem Schweinewetter?!«
Der Mensch schreibt drum: Mein letzter Wille –
Beerdigt mich in aller Stille!

Mit dem großen Humoristen Eugen Roth (1895–1976) ist man aber auch noch einmal beim »Simplicissimus«. Roth war 1933 als Lokalchef der »Münchner Neuesten Nachrichten«, der heutigen »Süddeutschen Zeitung«, entlassen worden, hatte seine ersten »Heiteren Verse« überall vergeblich angeboten und war zeitlebens dem Simpl dankbar, daß er es wagte, den damals (vorübergehend) Verfemten abzudrucken. Das Titelbild zu Roths Gedichtband »Ein Mensch« von 1935 hat der »Gerner« Simpl-Karikaturist Karl Arnold gestaltet.

Roth revanchierte sich mit viel Fachkunde und Eifer, als er der Bitte nachkam, über die Geschichte des alten Simpls und seiner Zeichner 1954 mit als erster ein Buch zu verfassen: »Simplicissimus, ein Rückblick auf die satirische Zeitschrift«[47]. Seiner speziellen Verehrung für den literarischen Mitarbeiter des Simpl, Ludwig Thoma, hat Eugen Roth nicht zuletzt mit einem Vorwort für die Münchner Piperverlags-Ausgabe von Thomas Werken 1962 Ausdruck gegeben. Roth hat im übrigen öfters in Münchner Zeitungen, auch im Regionalteil Nymphenburg, kleine Geschichten veröffentlicht, einige sah ich von meinem Onkel Gerhardt Hentrich illustriert.

Beim Rückweg trifft man im Mittelgang unter anderem noch auf die Gräber von Vertretern einer neueren Kunstgattung, des Filmproduzenten Luggi Waldleitner und des Filmregisseurs Bernhard Wicki. Sie gehörten wohl eher zur Kategorie »um München verdient«, als daß sie auch »Eingeborene Nymphenburgs« waren wie Roth. So begrenzt der Friedhof räumlich ist, so vielfältig war das Leben auch der hier versammelten Toten.

Da ruht der Botaniker, der eine südbayerische Varietät des Veilchens entdeckt hat, ein Löwenbräuwirt, der den humpenstemmenden, genüßlich brüllenden PR-Löwen zum Wahrzeichen des Stiglmaierplatzes gemacht hat und der Erbauer einer ersten Münchener »U-Bahn«, die im Untergrund eines Vergnügungsbetriebs von Angestellten geschoben wurde und ähnlich wirkte wie die Geisterbahn am Oktoberfest.

Die vertretenen Berufe reichen vom Nymphenburger Briefträger über königlichen Revierjäger oder Leibarzt bei den älteren Gräbern bis zum heutigen Generalkonsul und Senatspräsidenten. Über sie und viele andere interessante normalsterbliche wie prominente »Einwohner« des Nymphenburger Friedhofs kann jetzt erstmals ein inzwischen erschienenes Buch umfassend informieren[48].

Am Tor des Nymphenburger Friedhofs zurück ist das schöne Viertel am Faden meiner Erinnerungen abgeschritten. Das Ariadneknäuel wird zurückgegeben an jeden, der selbst weiter und tiefer durch das Labyrinth der geschichtlichen Hintergründe des Gegenwärtigen gehen will.

Mich haben Lebensnotwendigkeiten aus Gern als Wohnort fort, aber nicht sehr weit weg geführt. Dort gibt es zwar nichts architekturhistorisch Vergleichbares zu zeigen, trotzdem reichen einige der bisherigen Fäden ausgerechnet dorthin und können, auch ohne Besichtigung, gerade durch geschichtliche Ähnlichkeiten und Kontraste, manche Zusammenhänge noch abrunden.

14.
WEITER IN DEN WILDEN WESTEN: VON DER GARTENVORSTADT MIT STADTGARTEN IN DIE »GARTENSTADT«, VON GERN NACH GRÖBENZELL

Tatsächlich gibt es da interessante thematische Verknüpfungen. Das Bedürfnis, in »Luft und Licht« zu wohnen, zumal mit Familie, wie Heilmann damals für die »Familienhäuser-Colonie Gern« inseriert hat, gilt – ewig menschlich – genauso für uns Zeitgenossen. Ebenso die Kriterien: erschwinglich, nahe zu den Münchner Arbeitsplätzen, öffentliche Nahverkehrsanbindung – und für mich am liebsten im gewohnten Westen gelegen.

Wie früher bedeutet das natürlich: weiter hinaus aus dem Ballungsraum in die Vororte, wo es »wild« genug ist und auch für den ersehnten naturhafteren Garten, nicht nur ein Stadtgärtlein, reicht.

Die »Goldsuche« führte westwärts schnurgerade der S-Bahn entlang über Pasing und Lochhausen nach Gröbenzell. Aus rationalen persönlichen Erwägungen, zugleich aber einer historischen Münchner Stadtentwicklungslinie folgend.

Nicht nur Heilmann, sondern ebenso der Architekt und Bauunternehmer August Exter hatte wie erwähnt 1892 unter anderem in Gern Grund gekauft. Als er bei der Erschließung nicht zum Zug kam, verkaufte er und wandte sich seinen anderen Projekten im Westen Münchens zu. Er baute zunächst und als Hauptwerk die Villenkolonien in Pasing. Heilmanns »Villencolonie Gern / Nymphenburg« und Exters zeitgleiche »Villenkolonie Neu-Pasing I« stellten zusammen die ältesten Reihenhaussiedlungen in München dar, die eine neue Wohnungsentwicklungsphase einleiteten.

Ab 1915 gründete Exter eine Siedlung in Obermenzing und Blutenburg und projektierte gleichzeitig auch eine in Gröbenzell, wo er ebenso wie in der weiteren Umgebung ausgedehnten Grund besaß. Der nächste Vorstadtring im Westen sollte um das wachsende

München gelegt und sicher auch bald eingemeindet werden. Die Zukunft verlief allerdings weniger rasant. Eine Straße in Gröbenzell, das heute noch jenseits der Stadtgrenze liegt, bewahrt jedoch August Exters Namen.

Der herzogliche Expreß-Kurierweg durchs Moor: Post, frischer Fisch und Zollgelder für den Hof in München

Parallelen wie Gegensätze in Geschichte und Typus von Gern und Gröbenzell, meinem früheren und jetzigen Wohnort, wurzeln natürlich erst einmal wieder in den geologischen Gegebenheiten der Würm-Nacheiszeit[49]. In der wasserversickernden Münchner Schotterebene gab es zu wenig, hier zu viel Wasser.

Ein über der undurchlässigen Flinz-Schicht gestauter hoher Grundwasserspiegel entlang der Schmelzwasserrinne, die zwischen den Moränenwällen austritt, hat in der Gegend südlich von Gröbenzell bis vor Dachau eine weite Moorlandschaft entstehen lassen, durchflossen von Würm, Amper und dem Gröben. Das stellte für Gröbenzell die Weichen entscheidend anders. Ohne Landwirtschaft keine Besiedlung, kein Dorf oder Klosterhöfe als Ursprung des heutigen Orts.

Aber die Lage des Gebiets war für das bayerische Herrscherhaus in München von Interesse. Im Auftrag Herzog Albrechts V. wurde 1570 eine »Neue Straße« durch die Gröbenzeller Gegend gebaut, dazu über dem Torfgrund ein Knüppeldamm aus starken Ästen, darüber eine hohe Kiesschicht aufgebracht. Ein einsames Haus wurde mitten im Moos errichtet und ein herzoglicher Hüter eingesetzt, »der auf dem Gröben(fluß) und neuen Weg ein fleißig Aufsehe haben soll, damit nit schaden bestehe«[50].

Da das Gebiet ja ebenfalls zu den Jagdgründen des Hofes gehörte, das von Neuhausen bis Dachau und Schleißheim reichte, hielt man die neue Straße früher für einen weiteren Jagdweg. Heute schließt man auf einen Kurierweg. Denn eine Haupt-Postroute verlief vom

Süden über Innsbruck und Augsburg nach Norden und Herzog Albrecht hatte im Jahr zuvor eine Reiter-Postverbindung zwischen Augsburg und dem Münchner Hof veranlaßt. Sozusagen eine rasche, exklusiv bayerische Datenabzweigung.

Der Aufseher war also zum einen zur Pflege und Kontrolle dieses durch eine Schranke für den allgemeinen Verkehr gesperrten, hoheitlichen »Postexpreßwegs« bestellt. Zum anderen hatte er den bekannt fischreichen Gröben zu beaufsichtigen und diese unedle, aber wichtige »Jagdbeute« für die Hofküche nach München zu liefern.

Ab 1633 dürfte nun auch ein Teil des Verkehrs über diese »Neue Straße« gegangen sein, die schließlich in der Nähe der großen Fern- und Salzhandelsstraßen von der Isarbrücke über Neuhausen – Menzing – Lochhausen ebenfalls nach Augsburg führte. Vermutlich wurde sie dem Verkehr geöffnet, um Wegezoll erheben zu können.

Der Dreißigjährige Krieg, aber auch die enormen Kontributionen an die protestantischen Schweden, die 1632 München besetzt hatten, machten für Maximilian I. als Führer der katholischen Liga jeden noch so geringen Steuerpfennig nötig. Nicht nur Glaubensmitstreiter und –reformer wie Mary Ward und ihre Frauen, auch Geldeinnahmequellen waren für ihn wichtig.

Der amtliche Titel des Aufsehers lautete jetzt »Gröben-Zollner« nach dem Greben- oder Gröbenfluß, dem das althochdeutsche grabo = Graben zugrunde liegt; in diesem Zusammenhang meint das: Gewässer, die ihr Bett ständig wechselnd und mäandrierend »graben«. Der Titel des »Zollners« war im übrigen fast ohne Mittel, nur etwas Vieh konnte im Moos geweidet werden. Das Anwesen lag noch immer alleine in einer der ärmsten Gegenden, als 1766 durch eine neue Mautordnung auch diese »Zollstation« geschlossen und mit Fischwasser an privat verkauft wird.

Malerische Armut der »Mösler« – Motive für Dachauer Künstler

Für eine erste Ansiedlung war erst spät, im 19. Jahrhundert, wieder die Lage direkte und indirekte Ursache. Jetzt war es die Eisenbahnstrecke.

Nach Nürnberg und Fürth wurden schon 1839 München und Augsburg verbunden, via Gröbenzell, das es noch nicht gab. Durch den Bahnbau wurden die an der Strecke liegenden reichen Torfvorkommen als Heizmaterial für die Lokomotiven (und Münchner Haushalte) wichtig. Um 1850 zog ein Nürnberger Unternehmer in dieses Gebiet und brachte Arbeitskolonnen mit, hauptsächlich Arbeitslose aus der noch ärmeren Oberpfalz.

Das bisher unbesiedelbare Moos erhielt gerade wegen des Moors ersten »Gastarbeiter« Zuzug, die »Mösler«. Windschiefe, oft nur schilfgedeckte Torfstecherhütten mit Steinzeit-Komfort, einige kärgliche Höfe mit wenigem Weide- oder Kleinvieh, ein paar Häuschen von Kleingewerblern lagen auf gerodeten Schilfflächen so armselig-idyllisch an den Rändern der von der benachbarten Dachauer Künstlerkolonie inzwischen so geschätzten Moorlandschaft verstreut, daß sie ebenfalls zu den gesuchten Malmotiven zählten. Wahrscheinlich hat auch Philipp Röth wie andere Künstler dieser Zeit die Gröbenzeller Landschaft durchstreift.

Einen eigentlichen Wohnort gab es noch lange nicht, aber selbst hierher zog es im allgemeinen Trend zumindest zum Zweitwohnsitz im Grünen die ersten Münchner. Justizrat Dr. Troll zum Beispiel hatte trotz Kanzlei in der Stadt das alte Zöllnerhäusl gekauft und zum Gut »Gröbenzeller Hof« ausgebaut. 1898 beantragte er erfolgreich als Sprecher der Siedlungsbewohner eine Haltestelle der Bahn, die mangels Ortsnamen nach seinem Gutshof amtlich »Gröbenzell« genannt wurde. Einen Haltepunkt zum Beladen der Bahn mit Torf hatte es vorher weiter westlich nahe Olching gegeben.

Münchennah, Verkehrsanschluß, die Fläche dank der bisherigen naturbedingten Ungunst im wesentlichen wenig besiedelt (wie in

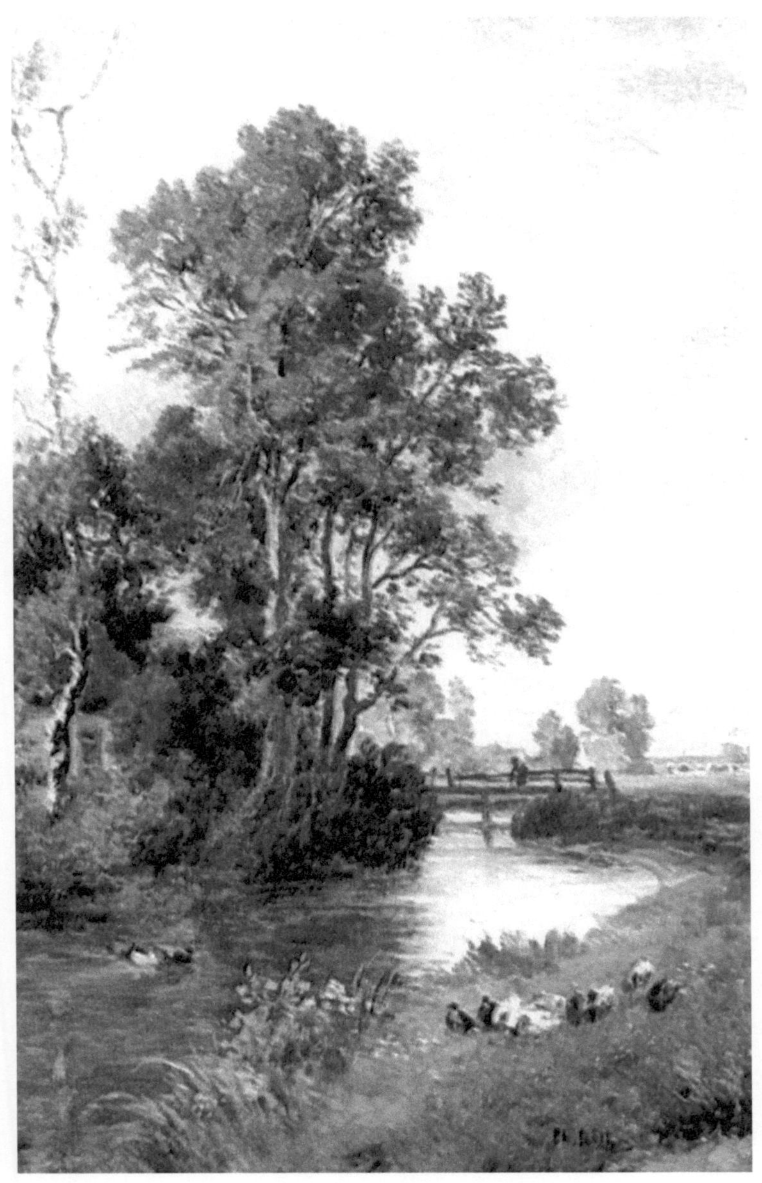

Der Gerner Landschaftsmaler Philipp Röth: Gröbenbach im Dachauer Moos.

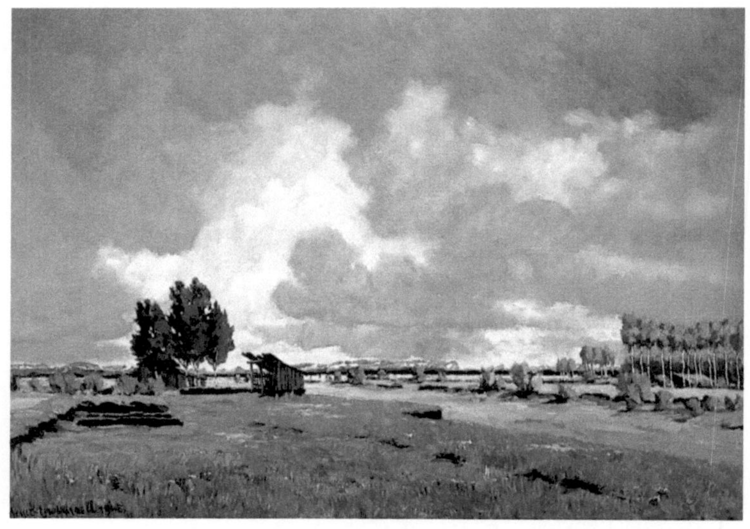

August Meyer-Gröbenzell (zur Unterscheidung mehrer »Meyers« in der großen Dachauer Malerkolonie gab man sich Zunamen nach Motivschwerpunkten, hier Gröbenzell): Föhnstimmung im Moos mit Torfstich, Torfhütte, Zugspitze.

Gern aufgrund der Gunst von unzertrümmertem Klosterbesitz), das Bauland billig, die 15 Kilometer Entfernung vom Stadtzentrum für einen vorausschauenden Unternehmer offenbar schon akzeptabel: Exter plante den 1897 erworbenen ausgedehnten Grundbesitz für sein westlichstes Projekt allmählich zu überbauen.

Freilich stellte er selbst fest, daß sich dort vorläufig noch »ein scheinbar unendliches Schilfmeer mit einzelnen Inseln« erstreckte. Aber seit 1903 unternahm das Kulturamt in München die Entwässerung des Moors und auch durch die Begradigung des Gröben, der nun zum kanalisierten Gröbenbach degradiert wurde und seitdem etwas dem Würmkanal ähnelt, wurde Baugrund gewonnen[51].

Der Gründerzeit-Kollege Heilmanns, August Exter, und seine »Familienhäuser-Colonien« Pasing, Blutenburg und Gröbenzell

Exter wollte in Gröbenzell – wie Heilmann in Gern – ursprünglich nach dem Vorbild Pasings eine Einfamilienhaus-Kolonie im Grünen für den Mittelstand bauen.

Angesichts der Bevölkerungsexplosion, des Baubooms und der sozialen Umbrüche, in einer Phase, als die neuen Siedlungsringe um die wachsenden Stadtzentren entstehen sollten, war in der Gründerzeit gerade im aufblühenden München eine äußerst engagierte, auch sozialpolitische Aspekte einbeziehende Auseinandersetzung herausragender Architekten in Theorie und Praxis um die »richtige« Wohnform im Gange. Die noch heute unterschiedliche spezifische Prägung vieler Stadtviertel zeugt davon. Man suchte neue Maßstäbe auch der Lebensqualität und des sozialen Ethos.

Heilmann und Exter teilten die Abneigung gegen Mietskasernen und hingen beide der reformerischen Idee eines »ethisch und hygienisch weitaus wertvolleren« Eigenheims im Grünen an[52]. Im Gegensatz zu Heilmann aber vertrat Exter anfangs kompromißlos die Idee, daß in den Kolonien nicht Reihen-, sondern ausschließlich Einfamilienhäuser angeboten werden sollten. Exters sechsbändiges Werk über »Das deutsche Einfamilienhaus« von 1899 war lange Lehrbuch an den Hochschulen. Entwürfe seiner Landhäuser, wie er sie gerade in Pasing baute, wurden in süddeutschen Architekturzeitschriften als vorbildlich veröffentlicht. Der Stil war modern-historisierend, formenreich wie in Gern beschrieben.

Angesichts der beginnenden Immobilienkrise und verschlechterten Wirtschaftslage in Deutschland ab der Wende zum 20. Jahrhundert wurde das platz- und kostensparende Reihenhaus, das Heilmann als erster schon 1892 erfolgreich favorisiert hatte, eine wirtschaftliche Notwendigkeit und selbst Exter mußte dazu übergehen. Für den Reihenhaustyp ließen sich schließlich außer finanziellen auch weitere Vorzüge gegenüber dem Einfamilienhaus erwägen und er fand jetzt entsprechende theoretische Verfechter[53]. Exters begabtester bauleitender Architekt und Protegé Bernhard Borst baute daher ab 1908 die ersten Mehrspänner für die Pasinger Villenkolonie.

Später suchte Borst, eine Generation jünger als Exter, in einer Zeit, als Walter Gropius oder Mies van der Rohe Modelle des »Neuen Bauens« entwickelten, die Vorzüge des Einfamilien – mit denen des gereihten Mietshauses beim Bau der »Borstei« 1924–1929 ideal zu verbinden. Dieses sehr originelle Wohnmodell der an Gern fast angrenzenden Borstei ist ein eigenes architekturhistorisches Kapitel in Neuhausen.

In der Chronik Gröbenzells wird überliefert, daß Exter nach der Entwässerung in Gröbenzell 1906 zunächst eine Siedlung für 400 Arbeiterfamilien geplant habe. Offenbar hatte er, auch auf Grund der Zeitläufte, gründlich umdisponiert. Ob er Einfamilien- oder Reihenhäuser vorschlug, ist nicht geklärt. Jedenfalls sollte zu jedem Haus ein Stall für eine Kuh oder einige Ziegen und etwas Grund zu landwirtschaftlichem Nebenerwerb und Selbstversorgung gehören[54]. Der Lebensstandard sollte dadurch ein wenig verbessert werden.

Die Behörden hätten aber durch Bedenken, mit der konzentrierten Ansiedlung so vieler Arbeiter revolutionäres Potential zu schaffen, das Projekt scheitern lassen. Nachdem Akten verloren gegangen sind, ist dies nicht gesichert[55].

Exter sah ohnehin inzwischen ein, da der Grundwasserspiegel hoch blieb, daß sich Gröbenzell und Umgebung nur für eine »extensive« Bebauung eigne und verkaufte nach und nach bis 1916 die meisten Grundstücke. Aus ideellen und sozialreformerischen Gründen gab er sie aber zu gemeinnützigen Zwecken ohne Eigengewinn ab und veranlaßte die Gründung des landwirtschaftlichen Vereins (später Genossenschaft) »Freiland«.

Er wollte so den ganz kleinen, nach Natur »lechzenden« Leuten, »die sich nur einige Sparpfennige erübrigt haben«, die Chance des Eigenheims geben wie in seinen Villenkolonien Pasing dem (abgestuft) wohlhabenden Mittelstand. »Minderbemittelte«, die in der Stadt arbeiteten, sollten in dieser »Freilandsiedlung« Heimgärten erhalten, sie zu Erholung und Anbau nutzen und zunächst mit Block- oder Wochenendhäuschen bebauen. Im Gegensatz zu Pasing sollte nur ein »verstreutes Gartendorf« entstehen.

Etwa gleichzeitig mit der »Freilandsiedlung« in Gröbenzell, ab 1915, plante Exter im übrigen die »Siedlung Blutenburg« in Obermenzing. Er entwarf sie ebenfalls zunächst als Heimgartenprojekt mit gleichen Prinzipien, allerdings – da stadtnäher – für etwas Bemitteltere, und führte das Vorhaben selbst aus. Auch hier wollte er der kriegsbedingt schlechten Versorgungslage durch »eigene Scholle« mit Gartenhaus abhelfen. Diese sollten aber zu Einfamilienhäusern später ausgebaut werden und eine Kolonie von Blutenburg bis Nymphenburg ergeben. Schlüsselfertige Häuser wurden daher nicht angeboten, doch in den Verkaufsprospekten ein Musterhaus vorgestellt.

Das Reformideal »Gartenstadt« damals und die typische »S-Bahn-Gemeinde« heute

In Gröbenzell wurde erst nach dem Krieg 1920 ein Bauplan von der Genossenschaft Freiland vorgelegt, der eine »lockere Bebauung im Sinn einer extensiv angelegten Gartenstadt« vorsah[56].

So entstand, ganz im Gegensatz zu einem vorkonzipierten und durchgestylten Musterprojekt wie das Heilmannsche Gern, in Gröbenzell von vorneherein eine typische »karierte« Bebauung: eine Mischung aus einigen Siedlungshöfen und kleinen gewerblichen Betrieben wie Schreinereien; dazu viele Wochenendhäuschen von natur- und Gemüse aus dem eigenen Garten liebenden, aber städtischen »Rucksackgröbenzellern«, welche später im lokalen »Freistil« zu Wohnhäusern umgewandelt wurden.

Dazwischen verstreut repräsentative Villen im Heimatstil oder mit Jugendstilanklängen, aber nur einzelne, nicht in dem Maße wie noch in Gern oder Pasing. Denn Berufs- und Einkommensgruppen begannen, nicht zuletzt durch die Kriegsfolgen, sich weit bunter zu mischen.

Auch den einen oder anderen Gelehrten oder Künstler zog es privat in die Vorortidylle. Zum Beispiel den Münchner Franz Herbich, Erzgießer wie die Millers aus Neuhausen. Er zog 1927 heraus in eine wirklich städtisch wirkende Villa am Gröbenbach, wie sie auch in Gern oder Nymphenburg stehen könnte.

Die Chronik berichtet, daß Herbich unter anderem auch die kriegszerstörte Diana-Figur auf dem Dach des Tempels im Hofgarten neu goß und im Inneren der alten einen Maßkrug mit darin vorsorglich deponierten 21 Pfennigen zum Bierkauf gefunden hat[57].

Von höheren stilistischen Ambitionen in der Frühzeit Gröbenzells zeugt noch am besten eine 1916 von russischen Kriegsgefangenen gebaute, hübsch geschwungene Jugendstilbrücke über den Gröbenbach. Sie ist heute durch eine verkehrsadäquatere Brücke daneben außer Funktion und ästhetische Wirkung gesetzt.

Von August Exter blieb in Gröbenzell der Name einer Straße und das Ideal: »Gartenstadt Gröbenzell« nennt sich der Ort, der erst 1952 eine politische Gemeinde wurde. Zusammengebastelt aus zwei Ortsteilen von München und drei aus der Umgebung. 1968 soll er noch über tausend Hühner gehabt haben.

Inzwischen wuchs der Ort als typische und vielbegehrte »S-Bahn-Gemeinde« auf fast 20000 Einwohner. Die Straße beziehungsweise die Schiene war Gröbenzells Schicksal seit Herzog Albrecht V. Die meisten Berufstätigen sind München-Pendler. Zweckmäßig wird Gröbenzell den modernen Bedürfnissen angepaßt und wie viele der »Speckgürtel«-Ortschaften an der Peripherie Münchens zunehmend stark verdichtet.

»Gartenstädte« waren eine reformerische Alternative zu den von Unternehmern wie Heilmann oder zunächst auch Exter mit ihren Terraingesellschaften für bestimmte Gesellschaftsgruppen erbauten Villenkolonien, die gute Gewinne aus Bodenspekulation erzielten. »Gartenstädte« stellten eine Variante innerhalb der innovativen Siedlungsmodelle dar und waren Teil der zahlreichen Protest- und Reformbewegungen, die in der Aufbruchsstimmung am Ende des 19. Jahrhunderts alle Lebensgebiete zu revolutionieren suchten.

Das umfaßte die beginnende Frauenemanzipation, körperbefreiende Reformkleidung ohne Fischbeinkorsett, körperbetonte Sportlichkeit contra Bierbauch und Prüderie, jugendbewegtes Wandervogeltum. Es brachte Vegetarierphilosophen hervor, die von den fleischlichen Traditionalisten als »Kohlrabi-Apostel« verspottet wurden, ebenso neue pädagogische Schul- und Erziehungskonzepte wie die Rudolf Steiners und der Waldorfschulen. Es reichte in der Kunst über ständig sich von der Tradition abgrenzenden »Secessions«-Wellen bis endlich zum radikalen Durchbruch der abstrakten Moderne und ergriff natürlich auch die Bereiche der Baukunst und des Städtebaus.

Der kritische Reformansatz kam in Deutschland durch Theodor Fritsch und sein Buch »Die Stadt der Zukunft« von 1897, in England durch Ebenezer Howard. 1902 wurde die »Deutsche Gartenstadtgesellschaft« gegründet. Ihr Ziel war, auch breiteren Bevölkerungsgruppen naturverbundenes und gesundes Wohnen in lockerer Bebauung, aber preiswert auch mit Reihenhäusern, zu ermöglichen. Die Vorzüge von Stadt- und Landleben sollten vereint und dabei Bodenspekulation ausgeschaltet werden[59]. Letzteres war der eigentliche Unterschied zu den sonst ähnlichen »Gartenvorstädten« der gewinnorientierten Baugesellschaften.

Die Wellen im kreativen Wettstreit um moderne architektonisch-sozialrevolutionäre Konzepte für die Wohnungs- und Siedlungsformen während dieser entscheidenden Expansionsepoche gingen hoch. Hoch genug, daß die Gartenstadtbewegung mit dem neuen Drang ins Grüne zu der Zeit, als Exters Villenkolonien in Pasing entstanden, sogar für die Karikaturisten des »Simplicissimus« zum Thema wurde. In Deutschland war die Gartenstadt Hellerau bei Dresden, 1910 begonnen, das bekannteste Beispiel dieser bedeutenden Städtereform. Bürger, Künstler und Arbeiter wohnten im gleichen Milieu. Es gab ein Kulturzentrum, ein Festspielhaus und eine Art Selbstverwaltung der Siedlung. Die Straßen wurden nicht in Quadraten, sondern organisch gekrümmt angelegt.

Den größten Teil der Häuser in Hellerau, dann auch in Nürnberg,

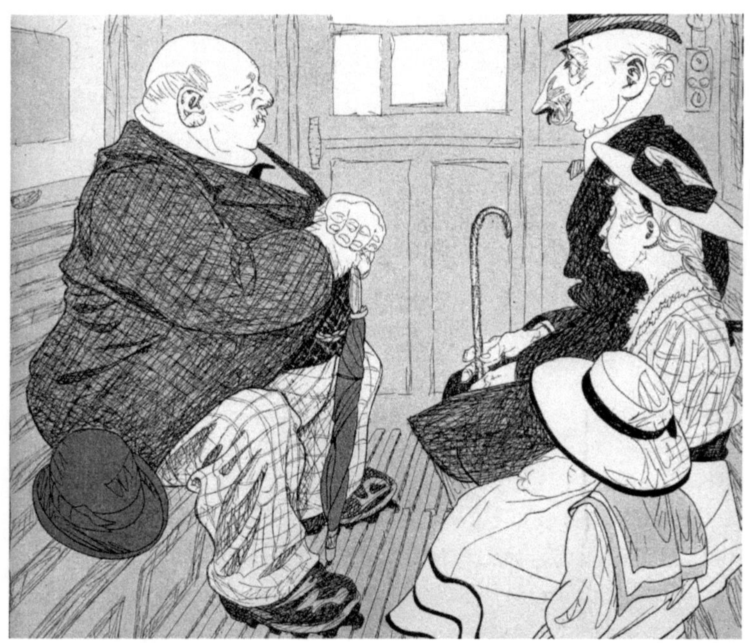

Ragnwald Blix im Simplicissimus 1910: »Die Gartenstadtbewegung: ›So, in Pasing wohnen S‹? O mei, Sie armer Mensch, da müssen S' ja Flaschenbier trinken.« – Pasing (mit Exters exemplarischen Villenkolonien) war neuer Vorort im Grünen und mit München nur durch Züge verbunden. Bei einem einheimischen Altstadt-Münchner mußte die Vorstellung, neuerdings gar noch der Luft wegen so fern vom faßfrischen Ausschank in den Münchner Bierkellern wohnen zu müssen, Verwunderung und Mitgefühl erregen.

hat der Architekt Richard Riemerschmid gebaut, der in Exters Pasinger Kolonie wohnte und von seinen persönlichen Erfahrungen dort geprägt war. Umgekehrt hat August Exter den Grundsatz des neuen Siedlungsbaukonzepts mit der gemeinnützigen Veräußerung seines Grunds zu Selbstkosten in Gröbenzell zu verwirklichen gesucht, auch wenn er dort nicht mehr als Architekt wirkte[60].

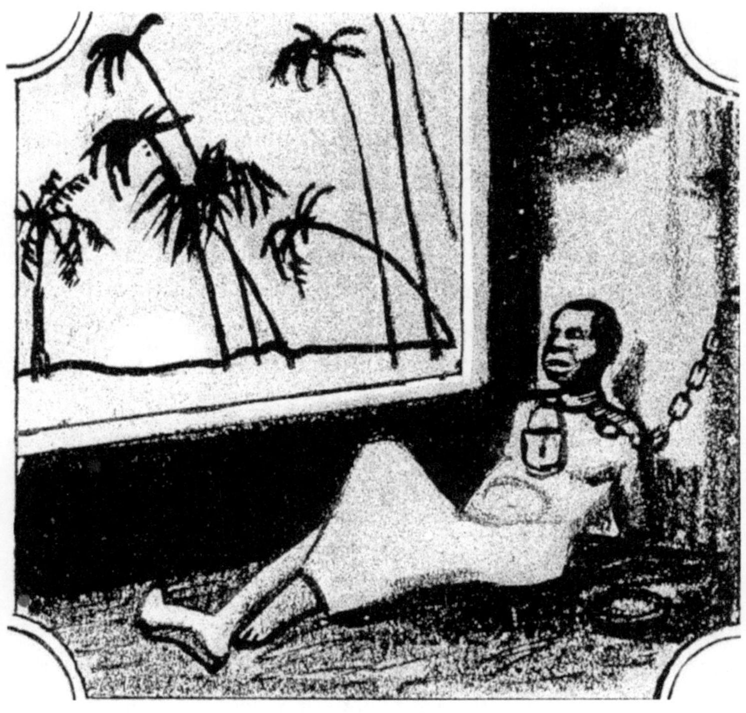

Teil eines Bildbogens im Simplicissimus 1910, ohne Namensnennung: »Ein Negergefängnis in Keetmannshoop mit Ausblick auf einen Palmenhain: Ein erfreuliches Zeichen dafür, wie hoch man in unseren Kolonien die humanitären Bestrebungen der Gartenstadtidee einschätzt.« – Das Beispiel dieses anspruchsvollen europäischen Fortschrittideals bildet den besonderen Kontrast zur gleichzeitigen Inhumanität der Kolonialpolitik.

Eingemündet und verbunden

Die goldenen Reformzeiten sind längst Vergangenheit, die Immobilienpreise hoch. Wie den Vorfahren in der stadtnahen, aber damals doch peripheren »Familienhäuser-Colonie Gern / Nymphenburg«, so gelang es uns berufstätigen Münchnern und Gartenfans, in der heute noch so genannten »Gartenstadt Gröbenzell« unmittelbar am Stadtrand mit vielen »erübrigten Sparpfennigen« ein Haus und ein passabel großes Stück »Scholle« zu kaufen.

Einigermaßen naturnah ist die Umgebung noch, soviel man so großstadt- und landwirtschaftsnah verlangen kann. Selbst Fasane, die ehemals »hohe Jagdbeute« für die allerhöchsten Herrschaften im Gerner Gebüsch – wie im Gröbenzeller Moorgebiet, sind in den umgebenden Wiesen und kleinen Birkenwaldresten noch nicht ganz vertrieben. Unter anderem dank mehrerer großer Golfplätze verblieben insgesamt einige »Remisen«. Dieses Frühjahr ist ein Fasanenhahn sogar in einer hohen Zypresse unseres »städtischen« Gartens fehl- oder zwischengelandet. Vor allem die nur drei Kilometer entfernte, immer noch eindrucksvolle Amper macht manches möglich. Gelegentlich den Graureiher am großen Weiher des Nachbarn, des öfteren sogar den Eisvogel zum abschließenden »Dessertfischen« auch an unserem eigenen Teich.

Die Amper und der Gröbenbach, einst immerhin auch ein Fluß, haben im übrigen ebenso wie die Würm das Lust- und Lastkanalsystem der bayerischen Herrscher und ihrer Jagdschlösser und Sommerresidenzen im wilden Westen Münchens gespeist. Die Würm war 1601 als erstes angezapft worden, damals vor allem um das herzogliche Alte Schloß und Musterlandgut Schleißheim zu versorgen, der Gröbenbach als zweites. Der »neue Gröben« (Kanal) von 1687 sollte den Würmkanal mit Wasser verstärken.

Der Gröbenbach selbst wurde wenige Zeit später in den die Schlösser Schleißheim und Dachau inzwischen schnurgerade verbindenden Kanal eingeleitet. Damit war der schlichte Gröben von Anfang an mitvernetzt und Teil dieses einmaligen, hochherrschaftlichen Wasserstraßen-Systems aus der glanzvollen Barockepoche Bayerns. Wenn auch nur durch den sehr bescheidenen Hof(wasser) lieferanteneingang. Gondeln trug er nie.Die Amper vereinigt sich hinter Dachau mit dem Gröbenbach, bald darauf mit der Würm und vermischt zuletzt ihre Moorwasser mit dem der grünen Isar, in die ab Schwabing schon über den »Canaletto« das Würmwasser Nymphenburgs wiedereingeleitet ist. Schließlich mündet alles ein und verbindet sich neu.

Bei unserem Um- und Ausbau des einfachen Walmdachhauses

eines früheren »Zuzüglers« aus den 60er-Jahren in Gröbenzell sind kinderzeitliche Erfahrungen mit dem historischen Gerner Haustyp und zeitgenössische Lebensgefühle in die Wohnform eingegangen.

Das Haus, die verschiedenen Gartenräume und Terrassen sind eng miteinander verzahnt. Das Haus ist nach allen vier Seiten geöffnet durch zwei fast schmalfrontbreite Terrassentüren und zwei Haustüren, durch tiefgezogene Fenster, die im Wohnzimmer den Blick gleich auf drei Gartenseiten freigeben. So fühlt man sich drinnen zugleich fast wie draußen. In der ganzen Längsachse ist das Haus im Erdgeschoß nur durch Schiebetüren bei Bedarf unterteilt, so daß man beim Durchgehen den Garten in seiner Längsausdehnung »miterlebt«.

Einen Keller, den man hier wegen des früher hohen Grundwasserstands oft vermied, vermisse ich, aus unliebsamer Erinnerung, sehr gerne. Lieber etwas beschränkten Speicher-Raum unterm Dach. Das »Leben auf der Treppe« ist auch dadurch minimiert. Die täglichen Dinge, alle Schränke, sind konsequent ebenerdig untergebracht. Im Obergeschoß gibt es zwar kein so fachmännisch gestaltetes Atelier wie im Gerner Elternhaus der Heilmannschen Künstler- und Musterkolonie, aber immerhin wird es fachmännisch als Malatelier genutzt.

Und dann ist es mit dem Auto – ostwärts jetzt – immerhin nicht weit: nach Lochhausen und Obermenzing an der Blutenburg vorbei, zum Nymphenburger Friedhof, zur Schule und Kirche der »Englischen Fräulein« Maria Wards, zu Schloß und Park und Botanischem Garten. Oder weiter durchs Rondell die Auffahrtsallee hinab nach Gern. Vielleicht auch zu einer kleinen Rast unter den Linden auf der Parkbank an der Gerner Brücke über den »Kanal der blauen Glocken«.

ANMERKUNGEN UND QUELLEN

1 Heinrich Horn / Willbald Karl: Neuhausen, Geschichte und Gegenwart, hrsg. von Richard Bauer, Hugendubel Verlag München 1989, S. 9 ff.

2 Ebenda S. 16 ff.

3 Helmut Stahleder: Vom Klosterhof zum Villenvorort: GERN, Buchendorfer Verlag München 1999, S. 47 ff; Otto Bürger, Türken, Schiffe und Kanäle, Verein Freunde von Schleißheim, 2005; Uli Lamey, Die Kanäle erleben, Verein Dachauer Moos, Karlsfeld 2005.

4 Neuhausen, siehe Anmerkung 1, S. 155 ff.

5 Aus: Herbert Rosendorfer, Briefe in die chinesische Vergangenheit, dtv Verlag München, 1986, S. 11 und S. 14 f; Manfred Bieler, Der Kanal, Albrecht Knaus Verlag, Hamburg 1978; Die Informationen über die Wiedereinwanderung der Kastanie gab die Hörfunksendung »Sonnenkönigs Lieblingsbaum« in der Reihe »Land und Leute«, BR 2, 18. 9. 2005. Die besiegten Türken haben übrigens bei ihrem Rückzug von Wien außer Kaffeebohnen auch Säcke mit Kastanienfrüchten zurückgelassen, die sie als Zusatzfutter für Pferde verwendeten. Damit bürgerte sich mit dem Baum schließlich der »ordinärere« Name Roßkastanie statt »indianische« (= indische) Kastanie ein.

6 Ein empfehlenswertes eigenes Kapitel »Nymphenburg und das Höfische Fest« enthält der Amtliche Führer, Nymphenburger Schloß, Park und Burgen, bearbeitet von Gerhard Hojer und E. D. Schmid, hrsg. von der Bayerischen Verwaltung der staatlichen Schlösser, Gärten und Seen, München 1975, S. 24 ff. Zitat aus »Einleitung zur Ceremonial-Wissenschaft großer Herren« von 1729, ebenda S. 24.

7 Adalbert Prinz von Bayern, Nymphenburg und seine Bewohner, München 1950, 2. Auflage. Unter den selbsterlebten, nach Abschaffung der Monarchie in Bayern 1918 aber vom Staat für die Bürger veranstalteten Festen in Nymphenburg, schildert Prinz Adalbert auch die letzten Großveranstaltungen im Park unter Hitler ab 1936, die alljährlichen »Nächte der Amazonen«, eine Revue mit Pferden und tanzenden Mädchen; Hitler selbst sei nie gekommen (S. 150 ff). Siehe auch die von Prinz Adalbert herausgegebene Festschrift »Nymphenburg 300 Jahre. 1664–1964«.

8 Gerhard Hojer, Die Amalienburg. Rokokojuwel im Nymphenburger Schloßpark, Verlag Schnell und Steiner, München 1986, Kapitel »Fasanenjagd«, S. 13 f.

[9] GERN, siehe Anm. 3, S. 12 ff und S. 83 f.

[10] Matthias Lexer, Mittelhochdeutsches Wörterbuch, Leipzig 1915, 13. Aufl., S. 69.

[11] GERN, siehe Anm. 3, S. 7 ff.

[12] Dorothea von Herder, 100 Jahre Villenkolonie Gern, Festschrift, hrsg. vom Verein zur Erhaltung Gerns e. V., München 1992, S. 10 ff.

[13] Neuhausen, siehe Anm. 1, S. 23, 140 und 145. Ausführlich mit vielen Dokumenten und Bildern dazu: Nymphenburg, 100 Jahre Münchner Ausflugsort und Vergnügungsviertel, Verlag Geschichtswerkstatt Neuhausen, München 1998, 3. Aufl.

[14] GERN, siehe Anm. 3, S. 17 ff; Dazu auch Süddeutsche Zeitung, 12./13.9.1992, Artikel S. 21: »100 Jahre Villenkolonie Nymphenburg – Gern. Reihenhäuser, die aus der Reihe tanzen. Die unter Denkmalschutz stehende Siedlung ist Münchens älteste Wohnanlage dieser Art.« Zur Villenkolonie Nymphenburg/Gern s. auch Neuhausen, Anm. 1, S. 168. Umfassend zu diesem Thema: Dorle Gribl, Villenkolonien in München und Umgebung. Der Einfluß Jakob Heilmanns auf die Stadtentwicklung, Buchendorfer Verlag, München 1999. Zu Nymphenburg/Gern dort S. 13–34. In seinen »Lebenserinnerungen« schreibt Heilmann, daß er »die Idylle seines unterfränkischen Heimatdorfes in die hohen und engen Wohnviertel der ständig wachsenden Großstadt zurückholen« wollte (Gribl S. 30). Neu und kurz vor Fertigstellung des Manuskripts erschien von Thomas Steigenberger »Gern. Geschichte – Architektur – Denkmalpflege«, hrsg. vom Verein zur Erhaltung Gerns e. V., Schiermeier Verlag, München 2005. Das 19-seitige Heft veröffentlicht erstmals einen Baualtersplan von Gern mit Angabe der einzelnen Architekten und einer Reihe historischer und vergleichender Hausaufnahmen.

[15] Eine Wohnungserhebung selbst nach gesteigerter Bautätigkeit ergab noch 1904–07, daß nur knapp 1 Prozent der Münchner Bevölkerung in Einfamilienhäusern lebten. Nicole Scharff/Rolf Weninger, Von der Villa zum Reihenhaus. Die Pasinger Gymnasiumskolonie und andere Siedlungsprojekte im Münchner Westen 1900–1920, Buchendorfer Verlag, München 1997, S. 11 ff.

[16] Von Herder, s. Anm. 12, beschreibt in der Festschrift die wichtigsten Straßen Gerns im einzelnen und mit vielen Details.

[17] Von Herder, s. Anm. 12, S. 105. Bei einigen Daten enthält die verdienstvolle Auflistung Ungenauigkeiten. So starb z. B. Karl Arnold 1953, nicht 1917. Die Adresse meines Onkels Gerhardt Hentrich könnte ich um die Hausnummer Tizianstraße 91 ergänzen. Die Daten für O. F. Schulze, die

so auch in Kunstlexika angegeben sind, müssen sich auf einen anderen Künstler beziehen. Zum Nachlaß meines Onkels gehört auch das Tagebuch Schulzes, das 1890 vom erwachsenen Kunststudenten begonnen wurde. Sein Geburtsdatum liegt entsprechend um 1872, das Sterbedatum ist 1919. Allgemein zur geschichtlich-kunstgeschichtlichen Epoche der Prinzregentenzeit u. a.: Benno Hubensteiner, Bayerische Geschichte. Staat und Volk, Kunst und Kultur, R. Pflaum Verlag München 1952, 2. Aufl., S. 377–391. Heidi C. Ebertshäuser, Malerei im 19. Jahrhundert. Münchner Schule, Keysersche Verlagsbuchhandlung München 1979. Markus Harzenetter, Zur Münchner Secession. Genese, Ursachen und Zielsetzungen dieser intentionell neuartigen Münchner Künstlervereinigung, Miscellania Bavarica Monacensia, München 1992, Dissertation in Neue Schriftenreihe des Stadtarchivs Bd. 158. Magdalena Möller, Der blaue Reiter, Dumont Verlag Köln 1987. Zu den einzelnen im folgenden genannten Malern u. a.: Ludwig Horst, Bruckmanns Lexikon der Münchner Kunst. Münchner Maler im 19. / 20. Jahrhundert, Bd. 1–6, München 1993. Hans Vollmer, Allgemeines Lexikon der bildenden Künstler des 20. Jahrhunderts, 6 Bände, Leipzig 1953–1962.

18 Münchner Neueste Nachrichten v. 5.10.1918, Verfasser Wilhelm Hausenstein; weitere Artikel v. 10.3. und 15.10. 1916, 31.5.1921, 10. und 29.6.1922 in der Sammlung Monacensia, München.

19 Münchner Neueste Nachrichten v. 28. 1. 1923, weitere Artikel z. B. 14.3.1919, 21.1. und 16.5.1923 in der Sammlung Monacensia, München.

20 Katalog zur Ausstellung in Schloß Nymphenburg 1985 / 86, Mathias und Anna Gasteiger. Aus einem Münchner Künstlerleben um 1900. Bearbeitet von Elmar D. Schmid / Sabine Heym, Hrg. Bayer. Verwaltung der staatlichen Schlösser, Gärten und Seen, München, Verlagsanstalt »Bayerland« Dachau 1985.

21 Gertrud Maria Roesch (Hrsg.), Simplicissimus, Glanz und Elend der Satire in Deutschland, Regensburger Universitätsverlag 1996, Schriftenreihe der Universität Regensburg Bd. 23. Simplicissimus 1896–1914, hrsg. und eingeleitet von Richard Christ, Rütten und Loemig Verlag Berlin 1978, 2. Aufl. Facsimile Querschnitt durch den Simplicissimus, eingeleitet von Golo Mann, hrsg. von Christian Schütze, Scherz Verlag Bern, Stuttgart, Wien 1963. Eugen Roth, Simplicissimus. Ein Rückblick auf die satirische Zeitung, Büchergilde Gutenberg, Frankfurt a. M., Wien, Zürich 1962, 2. Aufl. Hermann Sinsheimer, Gelebt im Paradies, R. Pflaum Verlag, München 1953. »Simlicissimus. Eine satirische Zeitschrift, München 1896–1944« Ausstellung Mathildenhöhe Darmstadt 1978, Katalog von Dr. Carla Schulz-Hoffmann. Außerdem zu den einzelnen Karikaturisten: Kurt Flemig, Karikaturisten Lexikon, Saur Verlag, München 1993. Hans

Peter Muster, Who's Who in Satire and Humour, 3 Bände, Wiese Verlag, Basel 1989. Gisold Lammel, Deutsche Karikaturen vom Mittelalter bis heute, Metzler Verlag, Stuttgart, Weimar 1955. Vollmer s. Anm. 17. 50 Jahre Humor. Olaf Gulbransson, Fackelträger Verlag, Hannover 1955.

22 Über die genannte Literatur zu »Simplicissimus« hinaus: Th. Th. Heine. Der Biß des Simplicissimus, hrsg. von Helmut Friedel, Bd. 1 Helmut Raff, Städt. Galerie im Lenbachhaus, München 2000, Bd. 2 Monika Peschken-Eilsberger, 2001. Der Zeichner T. T. Heine, Geleitwort von Eberhard Hölscher, Klemm Verlag Freiburg i. Br., o. J.

23 Bruno Paul. Simplicissimus, Andreas Strobl, Barbara Palmbach, Staatliche Graphische Sammlung München. Zur Ausstellung in der Pinakothek der Moderne, München 2002. Bruno Paul: Deutsche Raumkunst und Architektur zwischen Jugendstil und Moderne, Alfred Ziller (Hrsg.), Klinkhardt und Biermann Verlag, München 1992.

24 Monacensia Literaturarchiv und Bibliothek München.

25 Strobl / Palmbach, s. Anm. 23, S. 22.

26 Der Deutsche in seiner Karikatur. 100 Jahre Selbstkritik, ausgewählt von Friedrich Bohne, kommentiert von Thaddäus Troll mit einem Essay von Theodor Heuss, Bassermann Verlag Stuttgart, o. J., S.

27 Ludwig Thoma, Gesammelte Werke, Langen / Müller Verlag München 1933, Bd. 7: Erzählendes aus dem Nachlaß und ausgewählte Aufsätze. Darin: Aufsätze von 1909, Rudolf Wilke, S. 461–466. Ludwig Thoma, Ausgewählte Werke in 3 Bänden, mit einem Vorwort von Eugen Roth, Piper Verlag, München 1960, Bd. 1, »Erinnerungen«, S. 113 ff.

28 Thoma, Gesammelte Werke, s. Anm. 27, Bd. 7, S. 373 ff.

29 Friedel, s. Anm. 22, Bd. 1 S. 45.

30 Otto Julius Bierbaum, Eine empfindsame Reise im Automobil, Einleitung von Erhard Göpel, Langen / Müller Verlag, Ausgabe München 1954.

31 Richard Lemp, Ludwig Thoma. Bilder, Dokumente, Materialien zu Leben und Werk, Süddeutscher Verlag, München 1989, S. 88. Der nachstehende Hinweis auf den Pferde-Polo-Sport in Gern ist entnommen: Neuhauser Werkstattnachrichten, Heft 12, München 2004, Franz Schröther.

32 Lena Christ, Sämtliche Werke, hrsg. von Walter Schmitz, Süddeutscher Verlag, München, 1990, 1. Bd., S. 672 f.

33 Ebenda S. 638, 648 und 652.

34 Flemig, s. Anm. 21, S. 6 ff. und Facsimile Querschnitt …, s. Anm. 21, S. 17.

35 Über Gerhardt Hentrich informieren folgende Kunstlexika (s. Anm. 17 und 21):
Bruckmann Bd. 5, 1993, S. 379.
Flemig, 1993, S. 114.
Vollmer, Bd. 2, 1955, S. 423.
K. G. Saur, Allgemeines Künstlerlexikon, 10 Bände, Leipzig 2000, Bd. 4, S. 688.
Eine ausführliche Darstellung der Autorin von Hentrichs Leben und Werk in Auswertung des Nachlasses ist geplant.

36 Über den Aufstieg der Werbung zur Kunst und zu München als Zentrum der künstlerischen Gebrauchsgraphik um die Wende zum 20. Jahrhundert auch Roesch, s. Anm. 21, Kapitel »Werbeseiten im Simplicissimus«, S. 110–125. Roesch: »Alle Stammzeichner des Simplimlicissimus und der Jugend waren auch als Plakatentwerfer tätig, und nicht nur sie: der Portät- und Historienmaler Franz von Stuck entwarf 1893 ein Plakat, das für die Ausstellung der Secession werben sollte.« Roesch, S. 113. – Dazu sei auch an Kaulbachs berühmtes, zugkräftiges Oktoberfestzelt-Plakat der »Schützenliesl« erinnert.

37 Scharff / Wenninger s. Anm. 15, S. 21.

38 Zu dem immensen Stoff der Entwicklung Neuhausens bietet das Buch »Neuhausen in Geschichte und Gegenwart«, s. Anm. 1, mit großem Bildteil, sehr gute Darstellungen. Die »Geschichtswerkstatt Neuhausen« arbeitet mit vielen Veröffentlichungen an der Dokumentation und Erforschung des Stadtbezirks laufend weiter.

39 Neuhausen, s. Anm. 1, S. 131–135.

40 Nachrichten aus dem Institut Nymphenburg, Zeitschrift für ehemalige Schülerinnen, Ausgabe 1995 / 96, Wiedergabe von Presseberichten zum Gedenken an den 350. Todestag von Mary Ward, S. 4–22; auch Prinz Abalbert von Bayern, s. Anm. 7, S. 105–110.

41 Ebenda, Ausgabe 1990 / 91, S. 8 f.

42 Mater Immolata Wetter, Maria Ward unter dem Schatten der Inquisition, Verlag St. Michaelsbund, München 2003, S. 184. Das Buch beleuchtet diese Zeit von 1630–1637 auf Grund der neuen Quellenlage seit der Archivöffnung 1998.

43 Prinz Adalbert von Bayern, s. Anm. 7, S. 138.

44 Nachrichten aus dem Institut Nymphenburg, s. Anm. 40, S. 9 ff und Ausgabe 1991 / 92 S. 10–11.

45 GERN, s. Anm. 9, S. 79 ff.

46 Neuhausen, s. Anm. 1, S. 141. Zur folgenden Kirchenbeschreibung: Dorit Nührich, Die Kirche zur Heiligen Dreifaltigkeit. Die Englischen Fräulein in Nymphenburg, München, 1985, in: Club Bavaricum, Jahresband der Führungen 1984/85, S. 237–266; bei Nührich auch Näheres zur heutigen Organisation des Ordens und zu seinen Provinzen mit Zahlen.

47 Gedichtzitierung aus: Eugen Roth Sämtliche Menschen, Carl Hanser Verlag München-Wien 1986, 5. Aufl., S. 68. Eugen Roth, Simplicissimus, Ein Rückblick auf die satirische Zeitschrift, Mitgliederausgabe der Büchergilde Gutenberg, Frankfurt a. M. Wien, Zürich 1962. 48 Nachdem es bisher keine Literatur zu diesem unbekanntesten der Münchner Friedhöfe gab, ist Ende 2004 von der »Geschichtswerkstatt Neuhausen« im Eigenverlag ein Band »Hier ruht, was sterblich war. Der Nymphenburger Friedhof in München und Biographien« erschienen. Als Ergebnis intensiver Recherchen werden eine große Zahl der Toten des Friedhofs wieder recht lebendig. Auch über unsere Grabstätte ist berichtet (S. 71).

49 Horst Hell, Heimatbuch Gröbenzell. Ein Rückblick in Wort und Bild, 1996, 2. Aufl., zur Geschichte und jüngsten Daten der Entwicklung Gröbenzells.

50 Ebenda S. 15.

51 Scharf/Weninger, s. Anm. 15: Das Buch setzt sich vor dem Hintergrund der neuen städtebaulichen Strömungen mit den Siedlungsentwicklungen im ausgehenden 19. und 20. Jh. im Münchner Westen, speziell mit August Exters theoretischem und praktischem Wirken auseinander. Das Kapitel »Gröbenzell und Blutenburg – zwei Heimgartensiedlungen«, S. 100–109, ordnet Gröbenzell darin ein.

52 Exter lehnte Mietshäuser ab, weil dort nur Angehörige eines Standes lebten und dadurch »ausbrechende Streitigkeiten und Feindseligkeiten zwischen Frauen und dann folgerichtig zwischen Männern den dienstlichen Verkehr bei den Männern beeinträchtigen«. Scharff/Weninger s. Anm. 15, S. 47.

53 Der Architekt Bruno Taut zum Beispiel führt in dieser Auseinandersetzung 1911 an, daß »früher« zwar das Häuschen mit Garten ein notwendiger Gegenentwurf zu den Mietskasernen gewesen sei, aber »was da heute noch hemdsärmelig hinter dem Zaun übrigbleibt und schwitzend gräbt, will uns nicht mehr als das Ideal des Menschen erscheinen«. Auch Bernhard Borst beginnt an den Einfamilienhäusern Mehrarbeit, zu häufiges Treppensteigen, zu hohe Heizkosten, evtl. zuviel Ruhe, d. h. Öde etc. zu kritisieren. Scharff/Weninger, s. Anm. 15, S. 47.

54 Hell, s. Anm. 49, S. 50.

55 Scharff/Weninger, s. Anm. 15, S. 100 f.

56 Ebenda, S. 102.

57 Hans Geigenfeind (Hrsg.), Geschichten aus dem alten Gröbenzell, Arkaden Verlag Gröbenzell 1996, S. 164 f.

58 Corona Hepp, Avantgarde. Moderne Kunst, Kulturkritik und Reformbewegungen nach der Jahrhundertwende. In: Deutsche Geschichte der neuesten Zeit, dtv 1987, S. 167 ff. Hellerau steht im übrigen seit 1955 unter Denkmalschutz.

59 Scharff/Weninger, s. Anm. 15, S. 15 ff.

60 Nur zur Abrundung der Architektenpersönlichkeit Exters und seiner innovativen Ideen: Zwischen Laim und Pasing »Am Knie« hatte Exter 1907 eine autogerechte »Gartenstadt« mit 800 Villen als »Musterstadt« geplant. Fußwege nur durch Grünanlagen sollten von asphaltierten Verkehrsstraßen völlig getrennt sein, die Häuser von vorne durch Fußwege, von der Rückseite durch Verkehrsstraßen erschlossen. Am Eingang der »Promenadestadt« sollte eine Trambahnhaltestelle erbaut werden.

Exters Projekt scheiterte am Ankauf von ausreichend zusammenhängender Grundstücksfläche. 1928 wurde das autogerechte Modellprojekt mit der amerikanischen Stadt Radburn, 25 Kilometer von New York entfernt, verwirklicht. Exter, der sich als Urheber der Idee fühlte, bedauerte daraufhin, daß Deutschland die Gelegenheit versäumt habe und »Amerika nicht ein Vierteljahrhundert auf dem Wohnungsgebiete voraus war«. Scharf/Wenninger s. Anm. 15, S. 28–34.

BILDNACHWEIS

Privatarchiv:

S. 12, 18, 22, 36, 60, 63 oben, 63 unten, 68, 77, 79 , 80, 81, 90, 91, 92, 93, 94, 98, 105, 106, 108, 109, 110 oben, 110 unten, 113, 119, 130, 140, 159, 160, 166, 167

Fotos Florian Seebauer:

S. 42, 44, 49 oben, 49 unten, 50, 51, 52, 53, 54, 55, 56, 137, 138, 139

VG Bild-Kunst, Bonn 2019:

S. 86, 102

DIE ROUTE

Teil 1: Gern

1. Parkbank an der Nördlichen Auffahrtsallee bei der Gerner Brücke
2. Durch die Gerner Straße bis Ecke Klugstraße
3. Würmkanalbrücke an der Nederlinger Straße
4. Zurück zur Gerner Straße Hausnummer 22–48 und in die Tizianstraße
5. Die Kratzerstraße
6. Zur Ecke Tizian- / Böcklinstraße
7. Böcklin- bis Malsenstraße
8. Magdalenenstraße
9. Wilhelm-Düll-Straße
10. Ecke Tizian- / Waisenhausstraße; U-Bahnstation

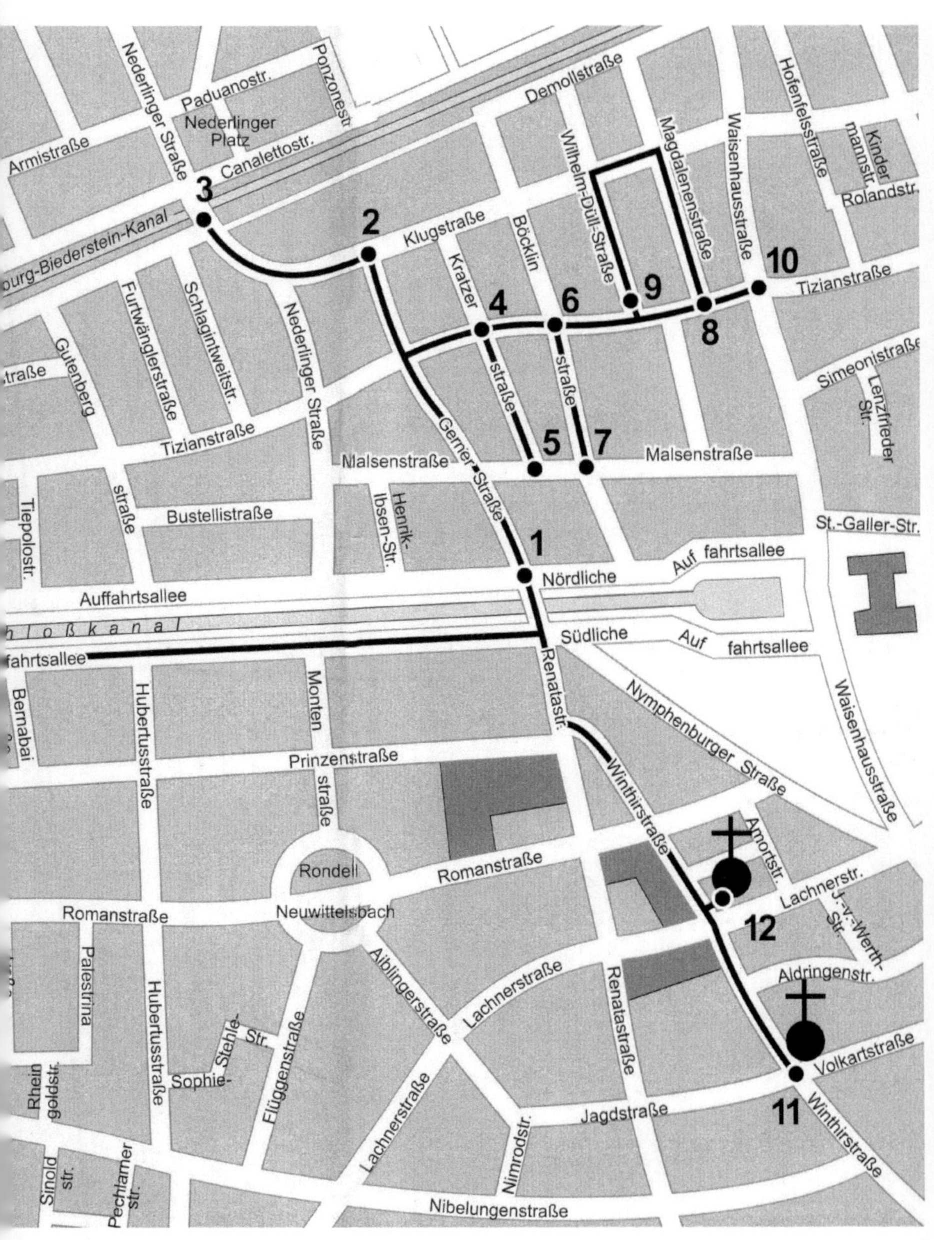

Armistraße
Nederlinger Straße
Paduanostr.
Ponzonestr.
Nederlinger Platz
Canalettostr.
Demollstraße
Wilhelm-Düll-Straße
Magdalenenstraße
Waisenhausstraße
Hofenfelsstraße
Kindermannstr.
Rolandstr.
Klugstraße
Kratzerstraße
Böcklinstraße
Tizianstraße
Simeonistraße
Lenzfrieder Str.
Gutenbergstraße
Furtwänglerstraße
Schlagintweitstr.
Gerner Straße
Malsenstraße
Bustellistraße
Henrik-Ibsen-Str.
Tiepolostr.
St.-Galler-Str.
Nördliche Auffahrtsallee
Südliche Auffahrtsallee
Renatastr.
Nymphenburger Straße
Montenstraße
Hubertusstraße
Bernabei
Prinzenstraße
Winthirstraße
Amortstr.
Rondell Neuwittelsbach
Romanstraße
Lachnerstr.
J.-v.-Werth-Str.
Aldringenstr.
Palestrina
Aiblingerstraße
Lachnerstraße
Renatastraße
Stehle-Str.
Sophie-
Flüggenstraße
Volkartstraße
Jagdstraße
Rheingoldstr.
Nimrodstr.
Sinoldstr.
Pechlarner str.
Nibelungenstraße
1
2
3
4
5
6
7
8
9
10
11
12

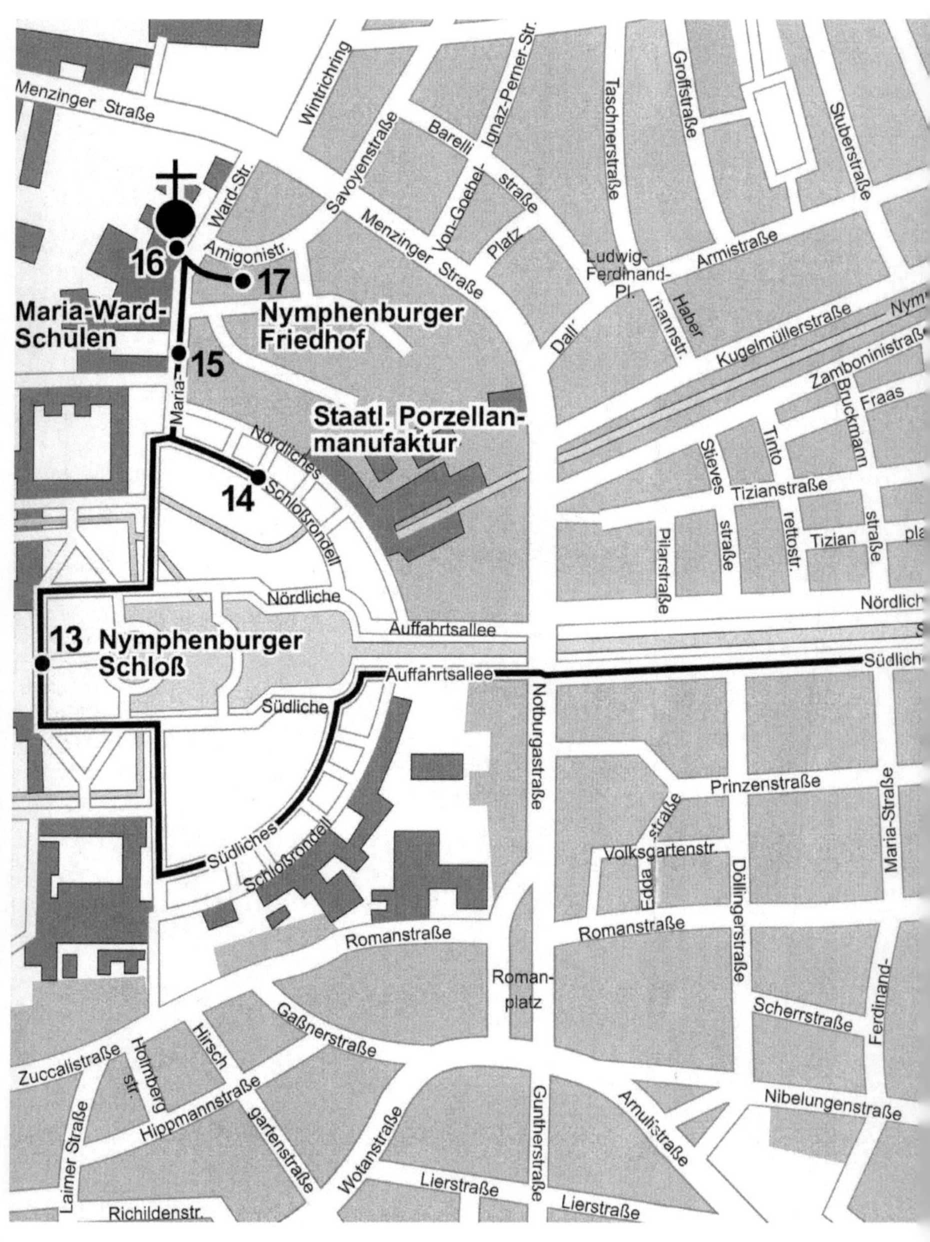

Menzinger Straße
Wintrichring
Ignaz-Perner-Str.
Taschnerstraße
Groffstraße
Stuberstraße
Barelli
Savoyenstraße
Von-Goebel-
straße
Platz
Ward-Str.
Amigonistr.
Menzinger Straße
Ludwig-
Ferdinand-
Pl.
Armistraße
16
17
Maria-Ward-
Schulen
Nymphenburger
Friedhof
Dall'
Haber
mannstr.
Kugelmüllerstraße
15
Zamboninistraße
Maria-
Staatl. Porzellan-
manufaktur
Bruckmann
Fraas
Nördliches
Stieves
Tinto
14
Schloßrondell
Tizianstraße
Pilarstraße
straße
rettostr.
Tizian
straße
Nördliche
Auffahrtsallee
Nördlich
13
Nymphenburger
Schloß
Südliche
Auffahrtsallee
Südliche
Notburgastraße
Prinzenstraße
Maria-Straße
Südliches
Schloßrondell
Volksgartenstr.
Edda-straße
Döllingerstraße
Romanstraße
Romanstraße
Roman-
platz
Ferdinand-
Scherrstraße
Gaßnerstraße
Zuccalistraße
Holmberg
str.
Hirsch
gartenstraße
Hippmannstraße
Nibelungenstraße
Guntherstraße
Arnulfstraße
Laimer Straße
Wotanstraße
Lierstraße
Lierstraße
Richildenstr.

Teil 2: In Neuhausen und Nymphenburg

11. Winthirkirche an der Winthirstraße
12. Herz-Jesu-Kirche an der Lachnerstraße
13. Frontmitte des Nymphenburger Schlosses
14. An Hofkirche, Orangerie, Hubertussaal, Brunnenpumpwerk und Grundschule vorbei zur Porzellanmanufaktur im Rondell
15 Gymnasium der Englischen Fräulein, Maria-Ward-Str. 3–5
16. Heilige Dreifaltigkeits-Kirche
17. Nymphenburger Friedhof